살다 보면

신노우 수필집

살다 보면

인쇄 2023년 2월 17일
발행 2023년 2월 23일

지은이 신노우
발행인 서정환
펴낸곳 수필과비평사
주소 서울시 종로구 삼일대로 32길 36(익선동 30-6 운현신화타워 빌딩) 305호
전화 (02) 3675-3885, (063) 275-4000 · 0484
팩스 (063) 274-3131
이메일 sina321@hanmail.netessay321@hanmail.net
출판등록 제300-2013-133호
인쇄 · 제본 신아출판사

ISBN 979-11-5933-462-7 03810

값 13,000원

살다 보면

신노우 수필집

수필과비평사

작가의 말

공직생활 정년퇴임 기념으로 첫 수필집 『살며 생각하며』를 낸 지 9년이 지나서 두 번째 수필집 『살다 보면』을 고희를 맞아 기념으로 묶었다.

퇴임하면서 바로 대학 강의를 맡다 보니 강의 자료 준비가 만만찮았다. 거기다가 인생 2막은 봉사하며 살겠다고 다짐했다. 그 실천으로 양로원과 노인복지센터 치매 어르신들에게 원예치료 봉사를 한다. 또한 공무원연금공단 대경상록아카데미 생활원예 · 원예치료 재능기부 강의, 화훼 교수들과 화훼 농가 현장 컨설팅 등을 실천하다 보니 자연히 글쓰기는 후 순위로 밀리고 깊은 글도 쓰지 못했다.

수필 쓰기는 흉허물이 없는 친구 같아 바쁜 일상에도 늘 가까이하고 싶고, 원고 청탁을 받고 보낼 기일에 쫓겨 동동거려도 마음 바닥은 존재감으로 즐겁고 행복했다.

살다 보면 온갖 우여곡절을 다 겪게 되지요. 산돌아 물 흘러

가는 삶의 애환을 작품으로 썼지만 작품성이 내가 봐도 떫은 감 맛이다.

어설픈 작품을 내놓는 일이 발가벗은 몸을 남들 앞에 보이는 것 같아 부끄럽기 그지없다. 하지만 삶의 현장에서 나 자신을 뜨겁게 사랑한 흔적이라, 농장주가 사과나무에 달린 사과가 나빠도 가을 수확을 포기하지 않듯, 그동안 생활 속에 고백처럼 써 온 작품으로 『살다 보면』을 묶었다.

다음에는 삶을 좀 더 다양하게 사색하여 감동의 향기가 있는 글, 곱씹을 수 있는 진솔한 글을 쓰리라 다짐해 봅니다.

2022년 12월

신노우

차례

제1부 꽃과 함께 나누는 삶

제2부 살다 보면

차례

제3부 인생 2막

제4부 대학원 강의

차례

제5부 세 번째 걸음마

제1부

꽃과 함께 나누는 삶

따뜻한 만남

안동에 있는 한 재활원에서 원예치료 특강을 요청해 왔다. 여유롭게 출발한 탓에 예정 시간보다 일찍 도착했다. 강의실에서 제법 떨어진 주차장까지 원생들이 나와 기다리고 있었다. 얼굴들이 봄 햇살만큼이나 참 해맑다. 승용차에 가득 실린 프로그램 재료들을 내려놓자 원생들이 우르르 달려들어 양손에 들고서 잰걸음으로 날랐다.

원생들의 살가운 모습들을 보니 미안한 마음이 들었다. 재활원의 강의 요청을 몇 차례 받았으나 내 시간이 여의찮아 많이 늦어졌다. 강의는 실습 위주로 진행되므로 대형 비닐하우스 안에 강의실이 준비되어 있었다. 하우스 안은 식물들이 깔끔하게 손질되어 있었다. 네 명씩 앉을 수 있는 긴 나무 탁자가 편안해 보였다.

열다섯 명의 원생들은 눈빛이 호기심으로 반짝였다. 하지만 몇몇 사람은 눈을 맞추지 않았다. 지적장애가 약간 있다고 했는데 생각보다 증상이 심해 보였다. 만나게 되어 반갑다며 내 마음부터 활짝 열고 함박웃음으로 인사하였다. 시작하기 전에 몸 풀기부터 하자고 했다. 주먹 쥐기와 손목 풀기, 어깨관절 돌리기, 목 운동을 시켜 보았다. 지적장애뿐만 아니라 신체적으로도 불편한 사람이 많다. 크게 웃을수록 더 큰 자신감을 갖게 해준다며 자기 주먹이 입안에 들어가도록 크게 한번 웃어 보자고 했다.

원생들에게 '원예치료가 어떤 것인가'에 대해 이야기하였다. 식물을 대상으로 사람들의 다양한 원예 활동을 통하여 사회적, 교육적, 심리적 혹은 신체적 적응력을 기르고 이로 말미암아 육체적 재활과 정신적 회복을 추구하는 전반적인 활동이 원예치료라고 말문을 열었다.

본격적인 프로그램을 시작하기 전에 원생들의 자아 존중감 정도가 어느 정도인지 공인된 측정 설문지로 사전 조사부터 했다. 예상했던 대로 높지 않았다.

첫날에는 조화로 꽃바구니 만들기를 시작하였다. 재료들을 옆 사람에게 전달로 나누며 친밀감을 느끼도록 했다. 만드는 순서를 설명하고 시연했다. 꽃바구니 속에 우레탄 조각 밑바닥에 접착제를 발라 바구니 높이와 같게 고정하라고 했다. 그다음에 라넌큘러스꽃을 삼각 구도로 꽂고 그 사이사이에 수국을 보기 좋게 취향대로 꽂으라고 하였다. 배경화로 안개초를 전체에 보기 좋게 고루 꽂은 다음에 바구니 윗부분을 푸른 이끼로 깔끔하게 덮어 산뜻하도록 마무리를 해 보라고 하였다. 지적장애 친구가 손이 불편한 옆 짝지에게 "넌 내가 꽃줄기를 잘라줄 테니 이렇게 잡고 있어"하는 모습이 너무 정다워 보여 코끝이 찡해왔다.

이렇게 모두 예쁘게 연출해 보느라 이마에 땀까지 배어났다. 꽃바구니가 모두 완성된 것을 보고 한 사람씩 자기가 만든 것을 높이 들어서 자랑하라고 했다. 첫 번째 사람은 할미꽃처럼 고개를 숙여 쑥스러워하며 내어놓았다. 태어나서 자신이 만든 첫 꽃바구니란다. 차츰 예쁘게 잘 만들었다는 격려의 박수에 자신감을 얻어서인지 꼿꼿한 칸나꽃처럼 씩씩하게 일어서 자랑했다. 얼굴에도 이제 나도 만들 수 있다는 자신감이 역력했다.

강의가 끝날 무렵에 재활원 원장님과 직원들이 들어왔다. 원생들은 너나 할 것 없이 자랑하고 싶어 원장님 곁으로 우르르 몰려들었다. "그래 너희들이 이렇게 좋은 작품을 만들 줄 몰랐구나. 재활원 내에 전시해서 방문하는 사람들에게 자랑

해야겠다."며 이마에 주름살이 생기도록 활짝 웃으셨다.

원장님에게 원생들이 조화를 자르고 구부려서 꽂기 등을 하는 동안 정서적 안정감을 찾게 되며, 악력과 팔근육의 운동 효과도 있다고 말하였다. 심신 균형 유지와 자기 생각을 표현하면서 함께하는 사람들과 많은 대화를 통해서 우울감도 해소되기에 원생들에게 좋은 프로그램이라고 말했다.

두 번째 날에는 미니정원 만들기를 하였다. 먼저 도자기 화분 바닥 배수구에 깔망을 덮은 뒤 마사토 세 주먹을 넣어 깔고 그 위에 원예 용토 다섯 주먹을 편편하게 넣으라고 하였다. 그 다음에 화분 속 미니정원을 어떻게 꾸밀 것인가. 테이블 야자, 무늬 산호수, 크로톤, 싱고늄, 푸미라 꽃식물 다섯 종류를 각자가 생각해둔 대로 배치하되 앞면에는 여백을 남겨 두라고 했다. 그리고 식물 사이사이에 원예 용토를 다져 넣고 다시 마사토를 여성들이 화장하듯이 표면을 예쁘게 덮도록 했다. 마지막으로 화분 뒷면에는 이끼로 덮고 앞면 여백에는 옥돌과 팥 돌로 강과 백사장을 연출하도록 하였다. 모두 만들어 놓고 보니 근사한가 보다. 옆 친구들이 만든 작품을 보며 와, 멋지다며 칭찬해 주었다.

셋째 날은 굴피 껍질을 이용한 식물 키우기를 하였다. 길이 60㎝, 폭 25㎝의 굴피 껍질에 후마타, 호야, 트리안 세 가지 식물의 플라스틱 포트를 반으로 자르라고 했다. 그 반의 포트 양쪽에 구멍을 내어 가는 분재 철사로 묶도록 한 다음 굴피 껍질에도 구멍을 내어 포트를 고정하도록 하였다. 고정한 포트 바닥에 백태 이끼를 약간 깐 다음 식물의 뿌리 흙을 반 정도 털어서 심으라고 하였다. 그 위에 다시 백태 이끼를 살짝 덮어서 마무리시켰다. 굴피 껍질 상단에 구멍을 내고 걸 수 있도록 마끈으로 매듭을 만들었다. 한 원생이 만든 작품을 기둥 한쪽에 걸었다. "우, 멋있다."는 탄성이 터져 나왔다.

마지막 날 프로그램을 마치고 강의실 밖을 나왔다. 원장님이 기다리고 계셨다. 수고하셨으니 차 한 잔 대접하겠단다. 원생들이 원예치료 강의를 너무 좋아하니 내년에도 꼭 좀 해달라고 하셨다. 연말에 내년도 공동복지기금 사업을 꼭 신청하라고 일렀다.

인사를 드리고 차에 오르는데 포장 상자 하나를 내밀었다. 받지 않으려고 하니 그간 우리 원생들을 격의 없이 보듬으며 강의해 준 고마움의 표시니 받으라고 하셨다. 그래도 사양하니까 원생들이 직접 가공한 참기름이라 해서 할 수 없이 감사하다며 받았다. 참기름의 고소한 만큼 가슴에 따뜻한 고마움이 가득 채워졌다. 헤어져 떠나오는데 원생들은 보이지 않을 때까지 손을 흔들고 있었다.

동행

우리 사형제는 주어진 환경에서 열심히 노력했다. 큰형님은 부모님을 모시고 고향에서 많은 농사에 전념했고, 둘째는 사십여 년을 2세 교육에 정열을 바치고 교장으로 퇴직했다. 셋째인 나는 농업기술센터에서 평생을 농업인의 소득을 높이기 위해 애쓰다가 소장으로 퇴직했다. 막내는 의료원의 간부로 늘 친절한 마음가짐으로 근무하고 있다. 가난으로 생활에 부대끼며 성장해서인지 형제간에는 정이 남다르다.

교장으로 재직 중인 형님에게 퇴직하시면 어떻게 지내실 계획이냐고 물었다. 잠시 나를 바라보던 형님은 양반 자세로 고쳐 앉으며 말했다.

"평생을 동동거리며 일에 매달렸으니 이제 좀 쉬어야지."

“먼저 퇴임한 사람들의 이야기를 들어보면 쉬는 것도 한두 달이라고 말하더군요. 복지 원예사 자격취득을 해보는 것이 어떻겠어요?” 직격탄을 날렸다. “평생을 교육자로 먹고살았으니 이제 봉사활동으로 베풀고 배려하는 삶을 사시는 것이 보람이 아니겠습니까?”

그래도 묵묵부답이었다. 형님은 평소 식물 키우기를 좋아한다. 난蘭 애호가이기도 해서 원예치료 활동의 기본 소양을 이미 갖추고 있다고 용기를 부추겼다.

(사)한국원예치료복지협회 대구지부장을 맡은 나는 원예치료 강의를 하면서 학생들의 정서 순화와 바른 심성을 위해서 학교에 원예 활동이 꼭 필요하다고 생각했다. 원예 활동의 확산을 위해서는 학교에 계시는 형님이 먼저 아는 것이 선결과제라 판단해서 복지 원예사 자격취득을 권했다. 하지만 용기가 나지 않는지 답이 오지 않았다.

며칠이 지나 형님으로부터 전화가 왔다. 자격 취득과정에 등록할 테니 언제, 어디서, 어떻게 하면 되느냐고 했다. 형님의 결정이 반갑고도 고마웠다. 그렇게 해서 형님은 K 대학 평생교육원에서 복지 원예사과정을 수강하게 되었다.

강의 첫날, 수강생이 모두 여성이고 남자는 형님 혼자뿐이라고 아쉬워했다. 그러나 날이 갈수록 잘한 선택이라고 했다.

실습 시간에 만들었던 식물작품을 집에 가져오면 형수님이 잘 만들었다고 격려해서 더욱 힘이 났단다.

형님은 퇴임을 앞두고 한 학기 과정을 수료하고 필기시험을 통과했다. 필기시험 외에도 임상 실습 육십 회, 심포지엄과 워크숍 스무 시간을 이수해야 했다. 마지막으로 인간 · 식물 · 환경학회에서 임상 관련 논문을 발표해야 자격을 취득할 수 있다. 그러다 보니 정년퇴직하고 시간이 바빴다. 그렇게 하나 하나 과정을 진행해 가고 있는데 H 초등학교 교장 선생님으로부터 연락이 왔다. 오, 육학년 학생 스물네 명을 대상으로 원예 활동프로그램을 진행해 달라는 부탁이었다.

H 초등학교는 형님이 교장으로 재직했던 학교와 인접한 곳이다. 지난해 유치원생을 대상으로 원예 활동프로그램을 운영했었는데 학모들 반응이 좋았던 모양이다. 마침 원예 활동에 관심이 많았던 교장 선생님이 그런 내용을 알고 형님에게 요청한 것 같았다. 형님은 아직 자격을 갖지 못해서 의논 끝에 내가 주 진행을 맡고 형님은 보조진행자로 두 형제가 프로그램을 시작했다.

첫 프로그램을 하는 날, 교장 선생님뿐만 아니라 형님을 아는 선생님들이 우르르 몰려왔다. 그중에는 형님이 가르친 제자 선생님도 있었다. 언제 이런 분야에 공부하셨느냐고, 모두

부러워했다. 동기유발을 동생이 해줬다며 나를 추켜세웠다.

초등학교 원예 교실 강의가 있는 날은 점심을 형님 집에서 먹었다. 일곱 번의 강의 때마다 형수님이 잘 차려준 따뜻한 점심 때문에 두 형제는 힘이 났고, 우애도 해묵은 나무껍질처럼 더 두꺼워졌다.

원예교실 강의가 끝날 즈음에 대구꽃박람회가 열렸다. 내가 회장을 맡은 (사)원예치료복지협회 대구지부에서도 힐링, 원예종합체험장 부스를 마련하여 참여했다. 학생들의 자연 체험과 세월호 참사로 가슴 바닥까지 아픈 시민들의 마음을 달래기 위해서였다. 나아가 스트레스를 치유하는 원예치료 홍보를 겸하기도 하였다.

형님도 행사 임원이라 기꺼이 참여했다. 온종일 서서 체험객들을 맞이하고 작품 만들기의 뒷바라지를 하느라 힘들었을 텐데, 학생들을 가르쳤던 일 만큼이나 재미있고 보람이 있다며 웃었다.

꽃박람회 마지막 날에는 학교 원예치료프로그램 확대를 위해서 워크숍을 개최하였다. 형님은 참석자들에게 교재를 배부하고 자리를 안내하느라 얼굴에는 땀으로 범벅이었다. 사람이 적을까 봐 노심초사했는데, 예상인원보다 두 배 가까이 참석하여 급히 교재를 추가로 인쇄하는 소동을 벌였다.

형님과 원예 교실 강의 동행은 H 초등학교에서 끝나지 않았다. 원예 교실 운영 사진과 글을 카카오스토리와 페이스북, 동아리 밴드에 부지런히 올린 효과였을까. D 초등학교에 이어 N 초등, S 초등학교도 강의를 요청해왔다. 학교에 어우러진 푸른 숲만큼이나 학생들이 푸른 마음으로 자라게 하고 싶다. 흐르는 강물에 배 띄운 양, 나란히 퇴직하고 같은 목표를 향한 형님과 나의 동행은 계속 이어질 것 같다.

원예교실만 했으면 좋겠어요

떨리는 마음을 누르며 원예교실에 들어섰다. 아직 아무도 오지 않았다. 교실 앞면에 걸린 현수막이 먼저 나를 반겼다. '어깨동무 까치봉 아이들 원예교실' 이름만 들어도 어린 학생들의 똘망똘망한 눈이 그려진다.

프로그램에 쓸 재료를 스물네 명 책상 위에 부지런히 나누었다. 수업을 마치는 멜로디가 울리자마자 학생들이 몰려들었다. 한 아이는 학원에 가야 한다며 빨리 진행해 달라고 했다.

매스컴에서 학교 폭력이 심각하다는 뉴스를 자주 접하면서 학교에 원예치료 프로그램을 운영해 보리라는 생각을 해왔다. 초등학교 교장으로 재직하고 있는 형님에게 이 같은 뜻을 말하자 흔쾌히 앞장을 섰다.

학생들의 원예 활동은 자연을 체험하면서 정서적 품성을 넉넉하게 고양한다. 나아가 눈으로 보고, 손으로 만지며, 코로 맡고, 머리를 써서 움직이기에 호기심을 발동시키고, 관찰력이 예민해지는 효과가 있다. 관찰의 결과를 해석함으로써 판단력과 대처 능력도 길러져 지적, 사회적, 정서적, 신체적 효과가 있다는 연구 결과가 있다.

첫 프로그램은 미니정원 만들기였다. 미니정원 만들기는 학생들의 입체적인 인지 감각과 판단력 등 자기 생각을 표현하고 발표하도록 하여 자신감을 향상하는 것이 목적이다. 그러려면 시간과 마음의 여유가 필요했다. 하지만 어찌하랴, 학교 수업이 끝나면 학원으로 내몰리는 것이 아이들의 현실이다. 할 수 없이 먼저 오는 학생부터 개별로 진행해 갔다. 학생들은 시간에 쫓기면서도 호기심으로 창의력을 발휘하며 재미있어 했다.

두 번째 프로그램은 허브 식물 모아 심기를 했다. 로즈메리는 정신을 각성시키고 기억력 강화와 두뇌에 활력을 주는 효과가 있기에 공부방에 두면 학습능률을 높여준다. 허브 식물은 사람과 가까이 있으면 후각 기능을 자극해서 좋기는 하나 햇빛을 좋아해서 가끔은 바깥에 두어 태양도 보게 해야 한다.

세 번째 프로그램은 학교 창고에 잠자고 있는 빈 화분을 재활용하여 분경 연출을 하였다. 두 명이 한 조가 되어 스파티필룸, 자금우, 푸미라, 스킨답서스 식물과 현무암, 이끼, 굵은 모래, 원예용토로 작품구상의 의견을 교환하며 분경 만들기를 하였다.

수업을 마치고 모두 교실을 나갔는데 한 학생이 숙제 못 한 표정으로 전전긍긍하며 서 있었다. 왜 그러느냐고 물었더니 오늘 만든 분경을 집에 가져가면 안 되느냐고 했다. 미리 이야기했듯이 너희들의 이름을 달아 학교 로비에 전시해 놓는다고 이해시켰다. 그래도 버티고 있어서 솔직하게 말해 보라고 했다. 엄마가 자기가 만든 분경을 가져가기 위해 밖에서 기다리고 있다고 했다. 아마도 첫 번째와 두 번째 만든 작품을 집에 가져가서 칭찬을 들은 것 같다. 그래서 엄마는 원예교실 끝나는 시간에 맞춰 기다렸다가 작품을 받아 가고, 아들은 학원으로 바로 보내려고 한 모양이었다. 난감했지만 형평성 때문에 지금은 곤란하지만 다음 주에는 가져갈 수 있다며 엄마에게 잘 말하라고 했다.

네 번째 프로그램은 나무젓가락을 활용하여 걸이 화분 만들기를 하였다. 나무젓가락을 반으로 잘라 우물 정#자로 다섯 단계를 접착제로 붙이며 쌓아 올렸다. 밑 부분에는 식물이 빠지지 않게 가로대를 붙였다. 매달 수 있도록 양 귀퉁이에 마끈을 묶고 그 속에 틸란드시아꽃을 담았다.

다섯 번째 프로그램은 다육식물 모아 심기를 하였다. 각기 다른 색과 모양을 가진 세 종류의 다육식물을 검은 돌과 함께 사막을 연상하듯 배치했다. 다육식물이 어떤 환경을 좋아하는지 물어도 선뜻 답을 하는 학생이 없다. 다육식물은 선인장과라서 쨍쨍한 햇빛을 아주 좋아한다. 물을 자주 주면 오히려 주인을 원망하며 썩어버리는 성질이 있다고 말했다.

여섯 번째 프로그램은 오색 모래를 이용하여 테라리엄 수경재배를 진행하였다. 먼저 물을 정화하는 맥반석을 크리스털 용기 바닥에 두 주먹 정도를 깔게 했다. 그다음에 심을 싱고늄을 깨끗이 씻어서 용기 중심에 세우고 굵은 모래로 넘어지지 않을 만큼 덮었다. 용기 속 가장자리 쪽으로 오색 모래를 플라스틱 숟가락으로 떠서 그림을 연출시켜 보라고 했다. 학생들이 손이 떨려 색 모래가 자꾸만 흩어져서 그림이 되지 않는다고 포기했다. 모래 담긴 숟가락을 잡은 손목에 다른 손을 살짝 얹어 차분한 마음으로 조심스럽게 뿌려 보라고 했다. 인내심의 결과로 조금씩 원하는 그림이 되어가자 학생들은 프로그램에 빠져들었다.

마지막 날 프로그램은 어버이날을 앞두고 카네이션 화분

을 만들었다. 부모님에게 고맙다는 글을 메모꽂이에 꽂아 선물하도록 했다. 모두 감사의 말을 쓰느라 표정들이 진지했다. 선물을 받아든 아버지·어머니의 얼굴에 환한 웃음이 떠올라 보람이 느껴졌다.

퇴직 후에 처음 시도한 초등학교 원예교실이었다. 학생들이 좋아해서인지, 강의 중에 가끔 들른 선생님들의 입소문 때문인지 여러 학교에서 강의 요청이 들어왔다. 원예교실 프로그램을 학교에 확산시키고자 했던 애초 생각에 가문 날 막았던 도랑의 물꼬가 툭 터진 기분이다. 빨리 학원가야 한다는 학생이 원예교실만 했으면 좋겠다는 말이 떠올라 절로 얼굴 가득 미소가 번진다.

화훼 컨설팅

금요일 아침이면 마음이 설렌다. 퇴직하고부터는 더욱더 그렇다. 화훼수출산학연협력단 기술전문위원으로 위촉되어 활동한 지가 올해로 십일 년째다. 매주 금요일이면 화훼 컨설팅을 요청하는 농가를 찾아 출발한다.

컨설팅 기술전문위원은 스물두 분이다. 평생을 꽃과 동고동락한 화훼학과 전 · 현직 교수들과 연구소의 연구원, 농업기술센터의 담당 공무원으로 구성되어 있다.

꽃 재배 하우스 문을 열자 까칠한 장미 잎이 소리 없는 아우성이다. 잎 뒷면에 둥근 현미경을 갖다 댔다. 현미경 속에 빨간 응애가 잔치를 벌이고 있다. 이놈들이 즙액을 죄다 빨아 먹고 있었으니 잎이 까칠할 수밖에 없다. 농장주에게 이렇게 되도록 뭘 했느냐며 책망하자, 농약을 쳤는데도 잘 방제가 되지 않는다고 볼멘소리한다. 응애는 높은 온도와 건조한 환경을 좋아한다. 여름철의 한낮에는 차광막이나 커튼으로 강한 빛을 막아서 하우스 안을 최대한 시원하게 해줘야 한다. 지나치게 건조하지 않도록 수분 관리를 잘해주라고 주문했다. 내성이 생기지 않도록 같은 농약을 계속 쓰지 말고 번갈아 살포해야 방제 효과가 높다고 팁도 주었다. 농장주 부인이 그 팁의 답례라며 찬 수박을 쪼개서 내놓으며 자주 와달라고 애교스럽게 웃었다.

컨설팅은 재배 생리와 병충해 방제, 시비 관리, 유통 등으로 나누어져 있다. 농장을 방문하여 맡은 분야별로 현장에서 조사하고 분석하여 농가에 재배와 경영에 도움을 주는 것이 목적이다.

국화재배 농장에서 컨설팅을 시작했다. 농장주 얼굴에 수심이 가득하다. 한창 자라고 있는 국화 줄기가 도둑질당한 양 들쑥날쑥하다. 군데군데 잎이 연한 녹색으로 작고, 가장자리가 아래쪽으로 말리며 마디 사이가 짧아져서 왜화된 것들이 많다. 왜화바이로이드다. 주로 병에 걸린 묘를 심었거나 채화 작업이나 도구에 의한 접촉으로 전염이 된 병이다. 지금으로선 방법이 없다. 모종 구매를 어디서 했느냐고 물었다. 멀리

충청도에서 가져왔다고 했다. 이번 농사는 재미가 없을 것 같으니 큰마음으로 털어 버리고 다음 모종은 신중하게 사라고 했다.

다음 국화농장은 우선 봐서 생육이 좋아 보였다. 그런데 농장주가 큰일 났다며 오만상을 찡그린다. 잎 뒷면을 제쳤다. 백색 병 무늬가 아주 잘게 쓴 흰떡을 고루 붙여 놓은 양 하얗다. 그래서 떡 병이라고도 하는 흰녹병이다. 이걸 어쩌나. 기후와 밀접한 관계가 있는 이 병은 비가 계속 오면 급격히 발생한다. 늦가을이 되어 포기가 죽을 때 새로 나온 싹에 병균이 잠복하였다가 이듬해 봄에 발생하는 골치 아픈 병이다. 방제를 위해서는 우선 흰녹병에 강한 품종을 선택하고, 병에 걸리지 않은 모본을 사용하는 것이 중요하다. 모종에 병 무늬가 있는지 검사하여 병 무늬가 있으면 단호히 버려야 한다. 그 외에도 비를 맞으면 흙이 튀어 올라 발병하기 쉬우므로 비를 맞지 않게 해야 한다.

거베라 농장을 찾아가는데 주인이 애가 타서 큰길까지 나와서 기다리고 있다. 포장에 죽은 포기가 여러 군데 보인다. 거베라 줄기를 뽑아 보니 땅 표면에 있는 줄기 속이 까맣다. 그루썩음병으로 진단했다. 그래도 정확히 구명해 보기 위해 죽은 포기를 뿌리째 캐서 시험 비닐봉지에 담았다.

같은 포장에 한 작물을 오래 재배하면 토양이 오염되어 갖가지 병해나 생리장해가 일어난다. 장기적으로 양액재배를 생각해 보라며 농장주에게 권하니 시설비용이 너무 많이 들어 엄두를 못 내고 있다고 두 손을 비빈다. 옆에 있는 지역 담당자를 툭 치며 지원방안을 찾아보라고 했더니 웃음으로 넘기는 걸 보니 쉽지 않은가 보다. 거베라 농장에 발목이 잡혀있는데 카네이션 농장주가 헐레벌떡 뛰어왔다. 여기서 해 지우겠다며 자기 농장에 가보자며 등을 떠민다.

하우스 북쪽 끝에 있는 카네이션은 주인을 원망하며 황색잎으로 생육이 현저하게 떨어져 있다. 지대가 낮아 물 빠짐이 좋지 않아서 생긴 장해로 보인다. 농장주의 허락을 받아 한 포기를 뽑아 보니 하얗게 있어야 할 솜 뿌리가 누렇게 죽어 있다. 늘 습기에 젖어 있어 뿌리가 호흡곤란으로 질식했다. 다음에는 카네이션을 심기 전에 토양 살충제로 소독부터 하라고 했다. 그리고 물 빠짐을 좋게 해야 하니 포장 전체에 굵은 모래를 넣고 평탄 작업을 고르게 해서 이랑을 만들도록 처방을 내렸다.

컨설팅을 마치고 헤어지려는데 농장 주인이 카네이션을 선물로 내민다. 오늘 이 카네이션의 주인은 누굴까, 잠시 생각하다가 한의원 원장과 간호사들이 떠올랐다. 환자들의 눈높이에 잘 맞추는 친절함이 늘 편하고 고마웠다. 침도 맞을 겸 한의원에 들러 그 친절한 만큼 향긋한 카네이션을 한 다발씩 안겨드렸다. 모두 좋아서 눈이 보이지 않는다.

화훼수출산학연협력단은 현장 컨설팅뿐만 아니라 정기적으로 운영위원회를 개최하여 현안 사항에 대한 대책 마련을 위해 종합토론회도 가진다. 국내 육성 품종의 우수성을 홍보하고 화훼 수출 확대를 위한 심포지엄이나 세미나도 개최하여 우리 지역의 화훼산업 발전을 위한 노력을 하고 있다.

푹푹 찌는 꽃 재배 하우스 현장에서 농업인과 함께 비지땀을 흘리며 답을 찾는 컨설팅이지만 나 자신에게 답을 찾는 일이기도 하다. 퇴직 후에 만나는 일 중에 가장 보람을 갖게 해서 화훼 컨설팅이 있는 금요일이 늘 기다려진다.

언제 또 와요

'어르신들, 반갑습니다.'

노인복지센터 강당에 들어서며 인사를 한다.

기다리시던 어르신들이 '어서 오세요.' 합창하며 해바라기 같은 웃음으로 맞으신다.

봉사자 대기실에서 봉사 단원들과 프로그램에 대한 정보 공유와 역할을 분담하였다. 식물 심기나 만들기를 할 때 직접 도와주지 말고 말로 해서 본인들이 하도록 진행에 관한 설명을 마치고 치매 어르신들이 기다리는 강당으로 나갔다.

'어르신들, 점심 맛있게 잡수셨어요.'

아들인 양 살갑게 인사를 드리자, 모두 하얀 박꽃 같은 표정을 지으셨다. 어르신들을 도와드릴 봉사 단원들을 소개했다.

빨리 친해지고 싶어 백세 시대지만 건강이 뒷받침되지 않으면 행복이 없다며 건강 박수와 손 율동부터 시작하였다. 눈빛을 반짝이며 즐겁게 잘 따라 주어 이분들이 치매 환자가 맞나 싶었다.

어르신들의 원예치료는 식물을 통해 우울감을 줄이고, 긍정적인 정서를 유발하도록 하는 것이다. 또한 감각과 창의력을 키우고 지난날을 회상하게 한다. 나아가 관심을 같이하는 사람들과 자연스럽게 대화할 수 있게 하여 소외나 고립감을 극복하고 사회생활에 참여를 돕는 프로그램이다.

어르신들에게 봄이니까, 봄꽃을 심어 보자며 화분과 프리물라꽃, 심을 용토를 앞앞이 나눠 주었다. 심는 요령을 설명하는데 한 분이 굵은 모래를 입에 넣으려는 걸 우리 봉사 단원이 빠른 제지로 막았다. 순간 등에서 진땀이 났다. 단원들에게 눈빛으로 감시를 잘하라는 사인을 보냈다. 치매 초기라고 했는데 몇 분은 중증인 분도 있음이 프로그램을 진행하며 파악되었다. 심으라는 이야기도 하지 않았는데 벌써 다 심어버린 할머니가 있다. 꽃 심기가 아주 즐거우셨던가 보다 하고 웃었는데, 만든 식물을 들며 사진까지 찍어 달라는 모습이 귀엽다. 강의실로 들어서며 보았던 환한 표정은 망각으로 근심 걱정 다 내려놓고 눈앞에 있는 것에만 관심을 두는 단순함 때문이었다.

원예치료 프로그램이 끝나자 고맙게도 달콤한 간식이 맛깔스럽게 별실에 준비되어 있었다. 간식을 들며 오늘 진행에서 일어난 일들을 상기시키며 긴장의 끈은 놓지 말자고 다짐하였다.

지금까지 사탕 꽃바구니, 구근류 재배, 공기정화 식물 수염 틸란드시아 걸이 화분 만들기, 꽃바구니에 아디안툼 연출, 어버이날을 맞아 카네이션 수반 꽃꽂이를 하였다. 풍란 석부작, 허브 식물 향기 맡아 보기, 다육식물 분경, 압화 액세서리, 선물 부채, 식물 수경재배, 빈 생수병 재활용 걸이 화분 만들기, 테라리엄, 미니해바라기 꽃다발, 소국 꽃바구니를 만들어 선물하시라고 했더니 소녀처럼 좋아했다.

오늘 봉사도 호응이 좋았던 것 같다. 어르신들이 좋아하면 나 또한 즐거워 춤이라도 추고 싶다. 복지센터를 나서며 인사를 했더니 "또 언제 와요?" 한 어르신이 불쑥 외친다. 그 소리에 가슴 가득 환한 불이 켜진다.

꽃과 함께 나누는 삶

퇴직 후에는 내가 선택하는 삶으로 후회 없이 살아야지. 공직생활 중에 업무의 전문성을 키우고 관련되는 자격을 취득하기 위해 조금씩 계획을 세우고 채우는 노력을 하였다. 그 계획 가운데 가장 큰 것이 꽃과 함께 나누는 삶이다. 어르신들에게 좀 더 도움 되는 봉사를 위해 복지원에서 자격을 취득하였고, 노인 상담 및 치매 예방과 건강경락 마사지 강좌를 일이년씩 수강하기도 했다.

이천십삼년 십이월에 퇴임하며 요일별로 봉사활동을 정했다.

화요일, D 양로원 가는 날이다. 왠지 마음이 설렌다. 이천사 년부터 매월 두 번 또는 세 번씩 어르신들에게 원예치료 봉사를 시작하여 올해로 십칠 년째다. 현직에 있을 땐 주말에 갔지만, 퇴직 후에는 화요일 오후에 방문한다. 강당에 들어서면 "꽃 선생님 오셨어요!" 손뼉 치며 해바라기 웃음으로 반긴다. 스무 분 중에 아흔을 넘기신 분이 여섯 분으로 모두 내 부모 같다. 가져간 꽃 재료를 펼쳐 놓으면 우르르 모여들어 예쁘다고 탄성이 여기저기서 쏟아진다. 원예치료프로그램을 마치고 한 분 한 분 손을 잡아주고 등을 쓸어드린다. 아흔이 넘으신 한 할머니가 제 손등에 입맞춤하며 "정말 고맙습니다." 할 때는 눈시울이 뜨거워져 베푼 삶을 사신 어머니 생각이 울컥 났다.

몇 년 전, 꽁꽁 언 새벽에 운동을 다녀와서 구안와사가 왔다. 말을 제대로 할 수 없을 정도로 얼굴이 확, 돌아가 버렸다. 말을 하려면 한 손으로 볼을 밀어 말을 이어갔지만 기다리는 어르신들 때문에 원예치료 봉사는 쉴 수가 없었다. 지난해에도 늘 무거운 식물재료를 많이 들어서인지 허리 디스크로 수술 진단을 받았다. 다른 모든 강의는 포기했지만, 봉사는 지팡이를 짚고 통증을 참으며 나와의 약속을 지켰다. 그렇게 쉼 없이 매년 이십 회 이상했으니 지금까지 삼백오십여 회를 한샘이다.

그동안 열심히 원예치료프로그램을 진행한 활동을 인정받아 (사)한국 원예치료복지협회 표창을 받았고, 신문과 책자에도 소개가 되었다. 더불어 D 양로원도 원예치료 우수기관으로 지정받았다.

수요일 오전에 공무원연금공단 상록아카데미에서 생활 원예와 원예치료 과정 재능기부 강의를 한다. 올해로 육 년째다. 강의 대상은 나와 같은 퇴직공무원들이다. 생활 원예의 필요성, 원예식물의 번식과 관리 내용을 실타래처럼 술술 풀어 놓았다. 얌전히 앉아 있던 한 분이 "잎끝이 자꾸만 타들어 가는데 왜, 그렇습니까?" 불쑥 질문한다. 너무 사랑한 나머지 물을 많이 줘 뿌리가 주인을 원망하는 표현이라고 했더니 한바탕 웃음보가 터진다. 강의의 반은 화분에 직접 연출하는 실습을 했는데, 박꽃 같은 웃음꽃이 핀다. 강의 마지막 날 설문조사를 했다. 예쁜 꽃과 함께하다 보니 우울감이 줄어지고 퇴직으로 사회 구성원에서 밀려난 소외감을 위로받았다고 했다.

상록아카데미의 목적이 강좌를 수료하고 그 재능을 사회에 자원봉사 활동을 하는 것이다. 강좌 수료생들에게 봉사활동 취지를 밴드에 공지하여 참여 신청을 받았다. 십여 명이면 된다고 생각했는데, 고맙게도 스무 명이 신청하였다. 뜻이 식기 전에 '원예치료봉사단'을 조직하고 봉사단 대표 코칭 교육도 받았다. 봉사할 곳은 S 노인복지센터 치매 노인 주간 보호 대상자 삼십 명으로 정해졌다.

드디어 격주로 수요일 오후에 원예치료 봉사를 시작하였다. 봉사 첫날, 빨리 친해지기 위해 치매 타파를 위한 두뇌 운동 체조 몇 가지부터 진행했다. 틀리지 않으려고 애를 쓰지만 여기저기서 킥킥 웃음 봇물이 터지며 주름진 세월 속에 감춰진 발그레한 복숭아 얼굴빛이 살아난다. 열심히 봉사한 결과 (사)대한노인회 주관, 자원봉사단 우수사례공모에서 우리 원예치료봉사단이 우수상의 성적표를 받았다.

금요일이다. 대학에서 주관하는 화훼 산학연협력단 기술전문위원으로 화훼재배 농가 포장에서 컨설팅한다. 공직생활을 하며 원예학을 전공, 석·박사학위를 받은 것이 퇴직 후에 화훼 교수들과 함께 농가에 도움을 줄 기회가 생긴 것이다. 하우스 안에서 한참 컨설팅하다 보면 온몸이 땀으로 젖지만, 농가들이 반기고 집중하니 더위도 잊게 된다. 퇴직 후에 가장 큰 보람으로 금요일이 참, 기다려지는 날이기도 하다.

누구나 붉은 저녁노을 같은 아름다운 노년을 꿈꾼다. 양로원 어르신, 치매 어르신, 꽃재배 농가들이 나를 반갑게 맞아주는 그날까지 꽃과 함께 나누는 삶으로 아침 햇살처럼 비추며 살리라.

이 시기에 무슨 봉사

공원 조경수 관리 봉사를 공지했다. 삼복더위에 지루한 장마까지 등에 업은 시기다. 거기다가 코로나바이러스로 입까지 막아, 가만히 있어도 땀이 줄줄 흐르는 판국에 무슨 봉사냐고 할지 모른다.

오랫동안 몸담았던 공직에서 퇴직했다. 직장을 우선으로 여기며 쫓기듯이 살아왔지만, 이젠 주변도 살피고 선택하는 삶에 퍼즐을 맞추기로 했다.

지인들이 퇴직을 축하해 주었다. 그중 B 소장의 축하는 특별했다. 다짜고짜 내일 공무원연금공단 제1 강의실에서 좀 만나자고 했다. 무슨 일이냐고 해도 그냥 나와 보면 안다고 에두르며 전화를 끊었다.

이튿날 일러준 장소에 나갔다. 대경 상록봉사단장이 인사를 하고 연단 앞에 섰다. 상록아카데미 운영에 대해 협의하고자 강사들을 불렀다고 했다. 상록아카데미는 퇴직공무원이 주체로 운영되는 나눔 봉사단이라는 설명이 이어졌다. 사회 공익을 위한 자원봉사단으로서 사십여 개 아카데미 과정을 운영하고 있단다. 목적은 이 과정을 수료한 분들이 다양한 분야의 재능 나눔 활동을 펴기 위한 봉사 인력 양성이라며 참석하신 강사들의 적극적인 협조를 부탁하였다.

얼결에 참석하여 재능기부 강의와 봉사단 운영이라는 말에 당혹스러웠다. 하지만 퇴직한 뒤 봉사하며 더불어 사는 삶도 계획하였기에 B 소장이 굳게 잡은 손을 뿌리치지 못했다.

그렇게 매주 수요일에 생활 원예와 원예치료 재능기부 강의를 하고, 이천십칠 년 삼월부터 매년 이십여 회씩 원예치료 봉사를 했다. 그런데 올해는 봉사 요청이 오지 않아 S 노인복센터에 연락했다. 아니나 다를까 코로나19 바이러스로 어르신들의 안전 문제로 봉사를 받을 수가 없다고 했다. 어쩔 수 없었다.

유월이 되어 확진자가 많이 줄어들었다는 방송을 보고 다시 S 노인복지센터에 전화했다. 정부 방침이 어르신들이 머무는 시설에 아직 외부인 출입을 금하라는 공문이 와서 자기들도 답답하고 안타깝다고 했다.

코로나19를 핑계 삼아 봉사활동을 쉴까 생각하다가, 공원이나 가로변 조경수에 웃자란 가지를 보았던 것이 떠올랐다. 그렇다. 조경수도 살펴주어야 한다는 생각이 들었다.

유월 하순, 장마는 계속되었지만, 조경수 돌봄을 하기로 했다. 가장 먼저 시내 중심가의 소재한 국채보상공원으로 정했다. 밴드에 봉사활동을 공지했다. 아홉 분이 참여하겠다는 댓글을 달았다.

전지가위 10개와 장갑을 준비해서 나갔다. 공원에는 벌써 봉사단원 몇 분이 나를 기다리고 있었다. 봉사를 시작하기 전에 작업 내용을 전달했다. 조경수의 웃자란 가지를 모양 좋게 잘라 주고, 초화류의 묵은 잎을 손질해야 한다. 장마 중에 우의를 입고 작업을 하다 보니 너도나도 금방 땀과 빗물로 범벅이 되었다. 그래도 하나같이 밝은 표정이라 고맙고 흐뭇했다. 국채보상공원에서 그렇게 두 번에 걸쳐 조경수 손질 작업을 마쳤다.

칠월 첫 번째 봉사는 경상감영공원으로 정했다. 배롱나무가 많은 곳이라 큰 줄기 중간에 새로운 가지 발생이 많은 것을 제거하고, 지피식물로 심어진 맥문동의 마른 잎 제거 작업을 하였다. 두 번 봉사활동을 해 봤기에 알아서 척척 작업이 진행되었다. 말끔하게 정리하고 나니 공원이 한결 훤해진 느낌이었다.

그다음 주에는 신천 둔치 조경수 관리 작업을 하였다. 줄지어 심어진 개나리의 긴 줄기는 자르면서 늘어지는 아름다움을 살렸다. 파노라마 벤치 주변 쥐똥나무는 직각 자르기로 다듬고 나자 내 머리를 시원하게 깎은 기분이었다.

팔월에는 '김광석 다시 그리기 길' 주변의 들쑥날쑥한 남천과 철쭉을 모양 좋게 손질하였다. 팔월 두 번째 봉사는 수성못 인근에 있는 시인 '이상화 동산' 봉사를 공지하고 만날 날을 기다리고 있었다. 그런데 공무원연금공단에서 연락이 왔다. 코로나19 바이러스가 재확산이 심각해져 모든 모임과 단체 활동을 중지하라는 것이었다.

이제는 야외에서 하는 봉사활동마저도 할 수 없게 되었다. 코로나19 바이러스가 야속하기만 하다. 하루속히 바이러스가 사라져야 소 멍에 같은 마스크를 벗어 던질 것 아닌가. 어서 그날이 와 공원 수목 관리 봉사를 하고, 노인복지센터 어르신들의 해맑은 미소도 보고 싶다.

꽃 선물

뉴스 보기가 겁이 난다. 코로나19 바이러스와 전쟁 중이다. 코로나바이러스 감염자가 최초 발생 후 한 달여가 지나자 매일 수백 명에 많을 때는 구백 명이 넘게 발표가 된다.

코로나19가 중국 우한에서 발생하여 우리나라에서 나타난 것이 2020년 1월 20일로 벌써 40여 일이 지났다. 한 종교 단체가 감염자와 함께한 예배에서 코로나19 환자를 폭발적으로 늘어나게 했다. 내가 사는 대구의 감염자가 전체의 75% 정도를 차지하고, 경북까지 합치면 90%를 넘나든다. '밤새 안녕하셨습니까.' 인사말을 실감하며 하루하루를 살얼음 위를 걷듯 위태롭다.

볼 일이 있어 잠깐 시내에 나갔더니, 길거리에 사람이 보이지 않는다. 낯선 풍경은 그것만이 아니다. 지나가는 버스에 승객은 단 한 사람뿐이다. 죄다 문이 닫혀 썰렁한 시장, 주인과 종업원만 덩그러니 남아서 서로 눈길 피하는 식당. 좌석에 앉기 힘들었던 지하철도 텅텅 비었다. 마트에도 간단히 먹을 수 있는 식품들은 잘 보이지 않는다.

척추 디스크 치료는 해야 하므로 며칠에 한 번 나가야 한다. 기공활법교정원에 갔더니 원장만 앉아 있다. 한의원도 마찬가지다. 이대로 가다가는 굶어 죽게 생겼다고들 한다. 사람이 움직여야 경제가 살아날 텐데— 한숨이 절로 나온다.

늘 새벽 운동하던 수목원을 오랜만에 갔다. 운동 길에 만나는 분들께 "안녕하세요." 인사를 했다. 반 정도는 무덤덤하게 "예"라고 대답한다. 대여섯 명은 이런 시기에 웬 인사냐는 투로 들리지도 않을 만큼 힘없이 응대하고, 나머지는 대답도 없이 쌩하니 지나간다. 바이러스가 사람을 피하게 하고, 마음의 여유를 강탈해 가버렸다.

그뿐이 아니다. 코로나19는 모든 일상을 중지시켰다. 즐겁게 배우고 있는 일본어 강좌도 휴강이고, 17년째 가고 있는 양로원 봉사도 당분간 오지 말란다. 삼월부터 가기로 되어있는 S 노인복지센터 원예치료 봉사와 공무원연금공단 재능기부 강의도 시작을 못 하고 있다. 퇴직 후 가장 보람을 느끼는 화훼 산학연협력단 현장 컨설팅마저 하지 못하니 가슴이 허허롭다.

집에 갇혀서 한다는 일이 유치원에 가지 못하는 다섯 살 손녀를 돌보는 것이다. 작은아들 부부가 출근하며 우리 집에 데려다주고 가기 때문이다. 손녀의 재롱을 보며 함께 시간을 보내니 좋기는 하나, 하루빨리 코로나바이러스가 종식되어 손녀가 나풀나풀 어린이집에 갔으면 싶다.

그동안 바이러스 전염병인 사스, 신종플루, 메르스를 아프게 경험했다. 이러한 신종 바이러스는 계속 나타난다고 봐야 할 것이다. 지속적인 의료인 육성과 의료시설 확충, 감염병 연구소와 전문병원 등 현명한 대응이 미래의 재난과 불행을 막아줄 방파제가 되리라.

사람들은 코로나19로 시름에 겨워 있어도 매화, 산수유의 빵빵해진 꽃망울은 참다못해 툭 터져 봄을 구가한다. 꽃가지를 코끝에 갖다 대자, 달콤하고 은근한 향기가 부들솜이 되어 지친 심신을 다독여 준다. 생명이 있는 싱싱한 꽃과 시간을 보내니 마음이 편안해졌다.

이 어둡고 무거운 현실에 나도 무언가 해야겠다는 생각이 들었다. 포트에 담긴 철쭉류 아잘레아꽃을 큰 분에 옮겨 심었다. 코로나19로 하루하루 조마조마하게 보내는 이웃에게 힘내라고 봄꽃을 선물하고 싶었다. 아내에게 내 생각을 말했더니 "좋아하겠지요." 맞장구를 쳐 준다. 물을 주고 다듬은 뒤 메모를 했다.

"코로나19, 잘 이겨 냅시다. 힘내시라고 봄맞이꽃 선물을 드립니다."

메모를 화분 옆에 붙여 옆집, 아래층, 위층, 운동을 같이하는 분들 문 앞에 살짝 갖다 놓았다. 그랬더니 이튿날 아침 우리 집 문 앞에 쪽지가 붙어 있다.

"꽃 화분 정말 고맙습니다. 우울한 시기에 꽃 같은 마음 주셔서 행복합니다."라는 쪽지였다.

한편, 부회장으로 활동하는 (사)대구 그린시티 포럼에서 주관하는 "꽃 선물 응원하기" 캠페인에 참여하였다. 코로나19 확진 환자를 돌보느라 땀범벅이 된 의료진과 퇴근도 못 하는 관계 공무원들을 격려하고, 꽃 소비가 되지 않아 발을 동동 구르는 농가 돕기에 나섰다. 꽃 농가에 미리 주문한 꽃으로 회원들이 꽃바구니 하나하나를 밤새워 만들어 아침 일찍 순회하며 선물하였다. 감사하다며 환하게 웃는 모습에서 우리는 하나로 극복할 수 있다는 자신감이 생겼다. 감사의 글도 보내왔다.

(사)대구 그린시티 포럼 귀중

코로나19로 인한 국가적인 재난 상황 속에서 사태의 해결을 위하여 우리 의료원에 많은 관심을 보내주셔서 감사합니다.

지금 이 순간에도 우리 의료원은 많은 분의 응원과 격려 덕분에 어려운 상황이지만 교직원들이 모두 합심하여 최선을 다하고자 노력하고 있습니다.

따뜻한 응원과 후원해 주신 꽃바구니들은 일선에서 노력하고 있는 우리 교직원들에게 전달하였고, 교직원 모두 감사드리고 있습니다.

다시 한번 감사의 인사를 드리며, 항상 건강하시기를 기원합니다.

영남대학교 의무부총장 겸 의료원장 김○년 배상

코로나19 바이러스로 고통을 당한 지도 100일이 지났다. 최근 확진자가 한 자릿수로 줄어 끝이 보이는 듯하다. 우리네 영혼과 삶을 황폐화한 코로나19 바이러스가 하루속히 종식되어 평온한 일상이 되고, 무너진 경제가 꽃처럼 활짝 다시 피어나기를 소망한다.

작은 보람

농장으로 들어서자 "신 박사님, 반갑고 고맙습니다." 주인이 반색한다. 처음 보는 내게 고맙다는 인사를 한다. 나는 전혀 기억이 없는데 그분은 나를 알아본다. 엉거주춤하자 그분은 페이스북 친구라고 한다.

꽃과 인연을 맺으며 네덜란드 화훼산업을 꼭 한번 보고 싶었다. 그렇게도 소망했던 기회가 왔다. K 대학 화훼 산학연협력단에서 네덜란드로 가게 되었기 때문이다. 현직에 있을 때 인연을 맺어 기술전문위원 활동이 퇴직 후에도 이어졌었다. 국내 꽃 재배 농장을 돌며 컨설팅하고, 해외농업 현장도 갔었다. 동남아시아권 여러 곳을 다녀왔는데 이번에는 네덜란드로 가게 된 것이다.

암스테르담 공항에 내려 보니 듣던 말대로 산이 보이지 않고 온통 초원이 펼쳐졌다. 네덜란드는 우리나라 경상남북도만 한 크기에 인구밀도는 비슷하다. 튤립과 나리가 심어진 들판은 바둑판에 알록달록 색칠해 놓은 듯, 끝이 보이지 않았다.

여장을 풀고 대학의 원예 작물 시험 유리온실도 보고, 화훼박람회장에도 갔었다. 세계에서 가장 광활한 튤립 재배 들녘에도 나가보았다. 현대화된 시설과 규모에 감탄이 절로 나왔다.

다음날엔 나리 육종 연구농장을 거쳐 리시안서스 육묘회사에 들렀다. LED 조명 아래 파종부터 출하까지 전 과정을 자동화 시스템에 의해 이뤄지고 있었다. 상자에 생육이 나쁜 모종은 천장에 매달린 로봇이 인식해서 뽑아내고 그 자리에 좋은 모종을 채우는 작업을 했다. 농장이라기보다는 공산품 제조공장 같았다.

일행 중에 리시안서스를 재배하는 농장주가 있어서 육묘 과정에 대해 질문이 이어졌다. 모종이 재배지로 출하가 될 때 국내용과 수출용의 크기가 다르다. 네덜란드 자국용은 본잎이 3~4장이 나고 줄기 자람이 시작될 때 시집을 보내고, 수출용은 크기가 작아야 몸살을 덜 하기에 본잎 2~3장 정도의 어린 상태에서 시집을 보낸단다.

멀리 외국으로 시집가는 모종 한 포기를 뽑아 보았다. 뿌리가 포트 밑바닥에 닿을 듯 말 듯 날카로운 송곳같이 튼실했다. 이런 모종은 재배 포장에 심으면 바로 땅속을 파고들어 낯을 덜 가리고 바로 활착이 된다는 회사 대표의 차분한 설명에 신뢰가 갔다.

우리나라 육묘회사에서 모종을 납품받아 보면 많은 모종이 시집갈 시기를 놓친 상태가 많다. 뿌리가 포트 밑바닥에 닿은 뒤 시집 빨리 보내 달라고 아우성치며 바닥에서 뱅글뱅글 몇 바퀴 돌아져 있다. 그런 모종을 심으면 다시 새 뿌리를 내어 자리를 잡기 때문에 활착이 늦고 생육이 늦어져 계획했던 출하 시기를 놓친다. 이런 상황 때문에 육묘회사와 재배 농가 간에 갈등이 많은 것을 현장 컨설팅을 하며 종종 보았었다.

우리나라 육묘회사에 질책이 아닌 변화를 기대하면서 페이스북에 모종 사진을 올렸다. 사진을 올리자마자 리시안서스 국내 재배 농장주들이 수입 주선을 부탁해 왔다. 네덜란드 육묘회사 대표에게 수입할 테니 보내 주겠느냐고 했더니 언제라도 가능하다며 눈빛이 달라졌다. 비행기로 보내더라도 가격은 우리나라 모종보다 싸게 납품하겠다고 했다.

이듬해 네덜란드를 함께 다녀온 리시안서스 재배 농장주와 함께 주선해서 우리나라 몇 개 지역 농가에 모종을 수입해서 심었다. 약속대로 우리나라 모종 가격보다 낮은 가격이었다.

멀리서 시집온 모종은 멀미도 하지 않고 포장에 잘 적응하여 활착이 빠르고 생육이 좋았다.

그에 힘을 얻어 화훼연구소에서 재배 농가들을 모아놓고 네덜란드 육묘회사 대표를 초청하여 세미나를 개최했다. 리시안서스의 품종과 특성, 재배 방법에 대하여 설명하고 질의응답 시간을 가졌다. 농가들이 하나같이 밝은 표정에서 성공을 예단했다.

기대했던 대로 수입 모종은 죽는 포기 없이 생육이 양호해서 많은 꽃대가 빨리 올라와 수확량도 많으면서도 품질 또한 좋았다. 경매시장에서 최고가를 받아 한 농가는 소득이 평년보다 1.5배는 늘었다고 했다.

다음 해는 수입 모종 신청이 첫해보다 3배가 늘어나자 국내 육묘회사들이 바짝 긴장하며 좋은 모종 만들기에 힘을 쏟았다. 지금은 우리나라 모종 상태도 많이 개선되어 선의의 경쟁으로 내가 원했던 결과물을 얻은 것 같아 기뻤다.

이번에 포항의 한 농가가 컨설팅을 요청하였다. 그래서 오늘 이 농장에 오게 된 것이다. 이분은 내가 페이스 북에 올린 것을 보고 모종을 수입해서 썼단다. 지금 포장에 있는 모종도 네덜란드에서 온 것이라며 덕분에 농사 잘 짓고 있다며 고맙다는 인사를 과하다 싶을 만큼 하는 것이다.

예부터 '모종 농사가 반농사'라는 말이 있다. 꽃모종은 그보다도 더 비중이 높다는 것이 증명되었다. 참, 가보고 싶었던 네덜란드 8일간의 방문이 농가에 직접 도움이 되어 작은 보람으로 남는다.

※ 네덜란드 방문 : 2017. 11. 2.~10.(6박 8일)

특별한 강의

십일월 사일은 점자의 날이다. 때맞춘 듯 시각장애인을 대상으로 생활 원예 수업을 하러 강의실에 들어갔다. 열 분이 앉았는데 두꺼운 선글라스를 쓰고 호기심으로 두리번거리는 모습이 낯설었다. 젊은 한 사람 외에는 60, 70대로, 다섯 분은 전혀 보지 못하고 나머지는 물체 구분은 할 정도라고 직원이 귀띔해 주었다.

코로나19 바이러스 상황이 단계적 일상 회복에 접어든 즈음이었다. 시각장애인을 대상으로 생활 원예 강의를 좀 해달라는 전화를 받았다. 선뜻 답을 주지 못하고 망설였다. 그동안 초 · 중 · 고 학생, 지체 장애 학생, 도시민, 재활원생, 만성질환자, 양로원, 경로당, 치매 어르신들에게 강의했었는데, 앞을 보지 못하는 분들에게 강의한 적이 없다. 그러나 마음을 도슬러 새로운 경험이 되고 봉사도 될 것 같아 승낙하였다.

막상 승낙은 했지마는 시각장애인에게 어떻게 강의를 해야 할 것인가 가늠할 수 없었다. 인터넷에 시각장애인에 관한 자료를 검색해 보며 나절로 붓방아만 찧다가 눈을 감았다. 주변을 손으로 더듬어 보았다. 캄캄하니 자연스레 손 감각과 냄새에 집중이 되는 것을 느꼈다.

생활 원예 교실은 꽃 소재를 활용하여 몇 가지 작품 만들기로 프로그램을 짰다. 시각장애인들이 생명이 있는 꽃을 만지고 자기 생각대로 직접 만든 작품을 선물도 하고 생활공간에 배치하도록 하자. 자라고 꽃 피우는 변화를 관찰하며, 일상에서 오는 우울감을 줄이고, '나도 무엇인가 하면 되는구나.'하는 자기 존중감을 높이고자 하였다. 정서 순화로 대인관계가 원만해져 활기찬 사회생활을 온전히 누리도록 하는 강의를 하고 싶었다.

첫 수업은 공기정화 식물 수경재배였다. 수경재배 이론 강의를 짧게 하고 실습하였다. 먼저 투명한 유리병과 '아레카야자' 식물부터 앞앞이 나눠 주었다. 그다음에 물에 불린 말랑말랑한 수경재배 인공 용토를 주었다. 청색, 분홍색, 녹색, 흰색 네 가지를 색깔별로 비닐봉지에 담아 오른쪽에서부터 넣을 순서대로 진열하고 심기를 시작하였다. 오른쪽에 있는 1번 청색 인공 용토를 용기에 모두 넣으라고 했다. 다음은 아레카야자 식물을 넣고 2번 분홍색 용토를 식물 뿌리 주변에 감싸듯이 넣으라고 했다. 그 위에 3번 녹색 용토를 넣고, 맨 위에 흰색 용토로 마무리해 주면 된다고 했다.

제대로 심었는지 둘러보았다. 모두 비다듬어 잘 완성하였다. 그때 열 분 중에 앞을 가장 잘 보는 여낙낙한 할머니가 "아, 예쁘다."고 탄성을 질렀다. 그 소리에 여기저기서 어떻게 예쁘냐며 묻는다. 할머니가 아레카야자와 인공 용토 색깔이 조화롭다는 등 열심히 설명하는 모습에 가슴이 뿌듯했다.

두 번째 수업은 선물용 '칼란코에' 꽃바구니 만들기를 하였다. 손잡이가 있는 소담스러운 바구니에 칼란코에 두 포트를 심도록 했다. 더듬거리면서도 차분하게 심은 뒤 리본까지 예쁘게 달았다. 누구한테 선물하고 싶으냐고 여쭤보았다. 뒷바라지에 고생하는 남편, 아내, 그리고 며느리에게 선물하겠다며 너도나도 해바라기 표정이다.

세 번째 수업은 아무래도 보지 못하니까 향기로운 냄새 맡는 걸 좋아하지 않을까 싶어 허브 '로즈메리' 심기를 하였다. 로즈메리를 나눠주자 모두 코가 닳도록 끌어안고 냄새를 맡아보며 향기가 좋단다. 그 향기는 스트레스 해소와 신경 안정,

우울감 해소에 도움이 되어 여러분한테 좋을 것 같아 오늘 심기를 한다고 하자 표정들이 보름달같이 밝아졌다. 기억력과 집중력을 향상해서 공부방에 두면 좋다고 하자, 학생인 자식, 손주를 떠올리며 수런거린다. 머그잔에 끓는 물을 붓고 로즈메리 다섯 잎을 1분간 담갔다가 건져 내고 차로 마시면 소화를 돕고 마음을 편안하게 한다고 팁도 줬다.

네 번째 수업은 도자기 화분에 풍란 키우기였다. 뿌리가 길게 지라서 키 높은 도자기를 준비하였다. 하루 전에 도자기 화분 배수구 위에 놓을 깔망 열 개와 화분 속에 채워 넣을 난석 열 봉지를 만들었다. 백태 이끼도 물에 불려 소엽 풍란을 감쌀 만큼 열 뭉치를 만들었다. 소엽 풍란을 감싸는 이끼를 고정하기 위해 낚싯줄도 두 팔 길이로 잘라 봉지에 담았다.

도자기 화분에 소엽 풍란 심기를 시작했다. 화분 배수구 위에 깔망부터 깔라고 했다. 다음은 난석 봉지를 화분에 부으라고 했다. 소엽 풍란을 포트에서 곱게 뽑은 뒤 백태 이끼로 덧싸고 낚싯줄로 이끼가 떨어지지 않게 둥글게 감으라고 했다. 다 감아 예쁘게 만들었으면 도자기 화분 꼭대기에 올려 고정해서 마무리하라고 했다. 삼십 대 젊은이가 한쪽 눈을 사고로 실명했다는데 구김살 없는 얼굴이다. 작품 만들기를 할 때면 다른 사람보다 먼저 완성해서 잘했는지, 봐달라며 보여 주었다. 잘 만들었다고 말해주니 '나, 선생님에게 칭찬 들었어요.' 외쳤다. 그리고는 아직 완성하지 못한 옆 사람 것을 살갑게 도와주는 모습이 고마웠다.

다섯 번째 수업은 전자파를 흡수하는 다육식물 모둠 연출, 여섯 번째 수업은 나만의 미니정원 만들기로 주 1회씩 6회를 하였다.

수업이 끝나자 삼십 대의 젊은이가 재배한 딸기를 가져왔다며 펼쳐 놓는다. 생활 원예 수업이 즐겁고, 우리를 위해 선생님이 꼼꼼하게 준비하여 아버지처럼 자상한 설명이 참, 고마웠단다. 빨간 딸기가 반들반들 탐스럽고 먹음직스럽다. 이제 조금씩 수확이 시작되어 비싼데 가져왔다고 책망하듯 바라보자, 생활 원예 수업이 너무 좋아서 준비했다며 그저 싱글싱글 웃는다. 늘 수업이 끝나면 쑥떡, 붕어빵, 과일 등 간식을 겨끔내기로 준비를 해와 나눠 먹으며 끈끈한 정 나눔을 한다.

마지막 수업을 마치며 생활 원예 교실에서 꽃 심기를 하니 어떠했냐고 질문을 던졌다. 앞을 전혀 못 보는 어르신이 생명이 있는 식물체를 만진다는데 신선하고 새로웠단다. 어렴풋이 물체 구별 정도는 하는 할머니는 나도 꽃으로 작품을 만들었다는 자부심이 생겼다고 했다. 평소에 꽃을 많이 가꾸고 있다는 어르신은 꽃 심기가 즐겁고 앞으로 자라는 모습이 기대

되어 사랑으로 잘 가꿀 거란다. 한 할아버지는 로즈메리 향기가 좋아 행복했다고 했다. 젊은 친구는 집안 공기가 달라진 것 같다는 소감에 옆 사람이 그건 좀 과장되었다고 말하기에 마음은 그랬을 것이라고 얼른 수습하였다.

강의하기 전에는 짬 없이 불안하고 막막했었다. 그러나 시각장애인의 처지에서 생각하고 눈높이를 맞추며 준비한 결과가 합격점을 받은 것 같아 어깨가 으쓱했다.

제2부

살다 보면

살다 보면

일흔을 바라보는 나이라면 살아오면서 헐벗어 발부리 시린 삶을 한두 번은 겪었을 것이다. 지난 세월을 훌쩍 거슬러 올라간다.

아버지와 큰형님은 곡상穀商을 하였다. 농가에서 추수한 벼를 사들여 대구 방앗간에서 쌀로 찧어서 파는 일인데, 운송은 외사촌 형님 부부가 맡았다.

그 해도 타작마당에서 농가들이 추수한 벼를 맡겼는데, 그 대금과 큰형님이 힘들게 모은 돈을 외사촌 형님네가 집 다섯 채를 짓고 자투리땅에 한 채를 더 짓는데 돈이 모자라서 잠시 이용한다며 빌려 갔다. 그런데 집을 짓고 나자 자꾸만 집값은 하향 곡선으로 곤두박질쳤다. 거기다가 집 다섯 채도 모두가 담보대출을 받아 지은 집이라 달리 돈이 나올 곳이 없었다. 그 돈을 칠 년이란 세월 동안 받지 못했으니 우리 집이 풍비박산이 나는 것은 너무나 당연했다.

타작마당에서 벼를 맡긴 농가는 몇 월 며칠까지 갚으라는 각서를 받아 갔다. 갚지 못하면 그때까지 원금과 이자를 합산해서 그 전체를 원금으로 계산, 이자를 2할 2푼까지 받겠다는 것이었다. 나중에는 제때 갚지 않으면 재산을 압류하겠다는 협박까지 하며 확인서를 받아 갔다. 조금만 기다려 주면 곡상을 해서 갚아줄 수 있을 텐데, '정말 세상인심이 이렇구나.' 뼈저리게 느꼈다.

날로 늘어나는 고리채를 감당할 수가 없어 하는 수 없이 돈융통이 잘 되는 윗마을 절름발이 영감님에게 곡상을 해서 갚기로 하고 고리채를 빌렸다. 그 절름발이 영감님은 자기 산에서 베어간 참나무를 찾기 위해 밑동을 자로 재어 온 동네를 이 잡듯 다 뒤져서 기어이 찾아내는 지독한 분이셨다.

혹독한 추위가 이어지는 어느 날, 여느 때처럼 등교 전 어둠 속에서 왕겨를 태워 소죽을 끓이고 있는데, 인기척이 나서 쳐다보니 윗마을 그 절름발이 영감님이 대문 안으로 절뚝거리며 쑥 들어서는 것이었다. 가슴이 철렁 내려앉았다. 영감님은 들어오시다 나와 눈이 마주치자 대뜸 "너거 아부지 집에 계시지?" 대답도 듣기 전에 다짜고짜로 안방으로 향했다. 안방에서 아버지의 전전긍긍하는 낮은 소리와 그 영감님의 기고만장한 소리가 들렸다. 빌려준 돈을 받으러 온 것이다. 소죽을 다 끓여놓고 학교 갈 준비를 위해 살며시 방문을 열고 들어갔다. 그 영감님에게 되도록 공손하게 보여야 빚 독촉이 덜할 것이라는 언뜻 생각에 아버지 옆에서 무릎을 꿇고 앉았다. 마음속에는 등교 시간에 쫓겨 조바심치면서도 태연히 그 영감님이 하시는 말씀을 듣고 있으려니 나중에는 피가 말랐다. 한참 후에 내 표정을 살피더니 "넌 학교 가거라." 하시기가 무섭게 가방을 챙겨 나와 내달렸다. 교실에 들어서니 등줄기가 온통 땀으로 후줄근하였다.

어쨌든 그 빚을 이자까지 계산해서 다 갚아야 떳떳할 테니 큰형님은 살을 에는 추위 속에 낮에는 어설픈 자갈밭을 논으로 일구었고, 저녁나절에 벼를 싣고 갈 트럭이 도착하면 나와 동생은 어리고 힘에 부쳐 가마니를 차에 싣지 못하고 양옆에서 큰형님 어깨 위로 가마니를 올려주기만 하였다. 그러니 큰형님 혼자서 어깨 짐으로 한 트럭을 다 싣고 나면 그 꽁꽁 언 시퍼런 추위에도 땀으로 젖은 등에서 김이 무럭무럭 오르고 온 얼굴이 땀범벅이 되었다.

그 무렵 아버지는 계속되는 시달림 탓인지 중풍이 들어 바깥

출입조차 하지 못하게 되었다. 어쩔 수 없이 큰형님이 모든 걸 떠맡을 수밖에 없었다. 그때 큰형님 나이가 열아홉 살이었다.

혼자 아무리 뼈빠지게 곡상을 해도 원금과 늘어나는 비싼 이자를 갚기엔 역부족이었다. 그러다 보니 계속되는 빚 독촉에 다른 집에서 돈을 융통해서 앞에 빌린 돈을 갚는 악순환이 계속되어 돈을 빌린 집이 급기야 열일곱 집으로 늘어났다. 날마다 돈 받을 사람들이 내 돈을 갚지 않으면 이 방에서 한 발짝도 나가지 않겠다고 벌렁 드러누워 게거품을 물며 욕설을 퍼붓고, 남의 돈은 갚지 않으면서 동생들 공부는 왜 시키느냐고 악을 썼다. 큰형님은 마냥 사정하고 빌고 빌어 억지로 돌려보냈다. 자신이 저지른 잘못도 아니고 외사촌 형님네의 부도로 인한 고초였기에 큰형님은 그 속상함으로 밤새 울어 베갯잇을 짜면 물이 흐를 지경이었다.

큰형님은 그렇게 많은 사람으로부터 시달림이 계속되다 보니 희망은 보이지 않고 지쳐서 어느 날 이렇게 살 바에야 차라리 죽자고 결심하고 농약을 들고 뒷산을 올랐다. 하지만 고2, 중2, 초등학교 5학년의 세 동생들 얼굴이 밟혀 죽지 못했다고 했다. '저 동생들의 앞날이 내 두 어깨에 달렸지 않으냐. 나 하나 밀알로 희생해서 어떻게 하든지 동생들은 남만큼은 공부시키자. 그래서 훗날 보란 듯이 훌륭한 사회인으로 키워 보

자.'고 마음을 다잡으며 농약병을 획 던져 버리고 울며 내려왔다. 그리고 동생 셋을 앉혀놓고

"빚은 이자를 계산해서 갚으면 되고, 공부는 때가 있다."

"빚 독촉 소리는 들어도 못 들은 척, 너희들은 공부만 열심히 해라."

"배움의 한은 나 하나로 끝내고, 내 몸의 뼈가 가루가 되어도 너희들은 고등학교까지는 꼭 졸업시켜 주겠다"고 하였다.

그날 이후 곡상 일로 밤을 낮 삼아 피눈물 나게 노력한 결과, 문지방이 닳도록 빚 독촉을 했던 절름발이 영감님의 고리채와 추수해서 맡긴 볏값의 2할 2푼 이자까지 계산해서 갚아 나갔다. 빚을 갚아야 할 열일곱 집 중 네 집이 남았을 때, 돈 받을 네 사람을 집으로 오시게 해서 "지금 남은 거라고는 논 500평, 밭 400평, 집 1채인데 이걸 몽땅 드리겠습니다. 어르신들이 빌려주신 돈만큼은 될 터이니 잘 의논하시어 나눠 갖도록 하셔요." 했다. 그중 제일 연장자 되시는 분이 "지금 당장 남은 걸 우리에게 다 주면 뭘 먹고 살겠소. 저렇게 살려고 노력해서 이만큼 왔는데, 장마철 냇가 논 한 마지기 떠내려갔다고 생각하고 좀 더 기다려서 부지런히 벌어서 급한 집부터 순서대로 갚도록 함이 어떻겠소"하며 세 사람을 설득했다. 모두 그렇게 하자고 어렵게 결정이 났다.

그런 상황이니 우리 집의 끼니는 늘 누른 보리쌀壓麥에 쑥을 잔뜩 넣어 끓인 멀건 죽으로 때웠지만, 고마움을 가슴에 담으며 억척같이 노력하여 그 힘겨웠던 빚 고개를 느릿느릿 넘어서 서서히 어둠의 긴 터널을 빠져나오기 시작했다.

큰형님은 공부를 잘해서 중학교 입학시험에 좋은 성적으로 합격했지만, 가정 형편상 진학하지 못했다. 그 배움의 헛헛함을 대신 동생들에게 최선을 다해 뒷바라지하였다. 동생들도 그 마음을 알기에 좋은 성적으로 고등학교를 졸업하였다. 그 후 작은형님은 회사생활을 하며 방송통신대학교 초등교육학과에 들어가 힘들게 공부해서 교원자격증을 취득하고 교사 임용고시에 합격하여 초등교사로, 나는 군 제대 말년에 응시한 7급 공무원 시험에 합격하여 공무원으로, 막내는 의료원 행정직으로 모두 떳떳한 사회인으로 직장생활을 시작하였다.

큰형님은 결혼시켜 주고, 분가 후에도 쌀이며 잡곡류를 아낌없이 보내 주었다.

차츰 직장에서 자리를 잡고 가정이 안정되어 갈 즈음 큰형님이 빚 독촉 속에서도 고등학교를 마치게 해 주었고, 결혼 비용과 공짜로 얻어먹은 쌀값을 좀 갚자고 동생 셋이서 의논하여 논을 사 주자고 결정해서 논 3,000여 평을 큰형님 명의로 매입해 주었다. 큰형님은 정말 고맙다며 살아온 보람이 있다고 눈물까지 보이며, 조카들이 성장하면 모두 되돌려 주겠다고 하였다.

동생들은 밀알이 된 큰형님의 소망대로 각자 직장에서 최고의 자리에 올랐다. 작은형님은 대구에서 초등학교 교장으로, 나는 공직 생활하며 학사 · 석사 · 박사 과정을 공부하였고, 마지막 원예학 전공으로 박사학위를 받는 날, 우리 네 형제 부부 모두 참석하여 기쁨의 눈물을 흘렸다. 2013년 말 농업기술센터 소장으로 퇴직하면서 곧바로 국립대학의 강의를 맡았다. 막냇동생 역시 대학을 졸업하고 대학의료원 행정 관리자로 근무하고 정년퇴직하였다.

큰형님도 곡상을 바탕으로 한눈팔지 않고 노력해서 백 마지기 논농사에 시설 수박, 한우 등 복합영농의 튼실한 부자로 군내에서도 알아주는 농장주가 되었다. 지역사회 봉사 단체장을 맡아 나눔의 역할에도 충실하며, 평생 부모님을 모시면서 문중에서 주는 효자상도 받았다.

지금도 동생들이 각기 가정을 잘 꾸리고 있지만, 양식 쌀부터 김장배추까지 모두 직접 재배한 것을 나눠주는 베풂이 있어서 형제간에 우애 좋기로 소문이 났다. 이만큼의 우애가 있기까지는 큰형수님의 애쓰심도 정말 크셨기에 생일날 내가 키운 꽃으로 꽃바구니를 만들고 케이크를 준비하여 축하하러 들르면 어떤 해는 큰형님이 깜빡했는데 동생 때문에 원망을 듣지 않게 되었다고 고마워하였다.

우리 형제들은 명절과 제사 때 말고도 만나는 날이 있다. 큰형님, 큰형수님이 모내기하시느라 애쓰셨다고, 가을 추수 잘 마쳤다고, 그리고 형제 중에 좋은 일이 있을 때 네 형제 부부가 함께 위로와 축하를 겸한 식사 자리를 가진다. 만나기만 하면 서로를 보듬는 마음에 가는 시간이 아쉽기만 하다.

큰형님의 베푸는 삶을 본받아 나도 공직에 있을 때 원예복지사 자격을 취득하고 시작한 양로원 원예치료 봉사를 18년째 계속하고 있다. 퇴직 후에 노인복지센터 치매 어르신들 대상으로 원예치료 자원봉사로 보건복지부장관상을 받기도 했다.

살다 보면 여러 풍상을 겪게 된다. 곡상穀商이 깊은 수렁의 절망을 주기도 했지만, 우리 네 형제가 꿈을 키우고 다시 일어설 수 있는 희망을 선물했다. 이런 큰형님의 뼈를 깎는 희생과 헌신적인 뒷바라지가 없었다면 오늘의 우리가 없었을 것이다. 큰형님, 존경합니다. 큰형수님, 고맙습니다.

높새바람 하늬바람

사무실로 빨간 도장이 찍힌 독촉장이 날아왔다. 발신이 농협이다. '농협에서 대출받은 일이 없는데 이게 뭐지?' 속 내용을 보는 순간 가슴이 철렁 내려앉았다. 높새바람에 기온이 높아지고 건조해지듯 갑자기 혈압이 오르고 마음이 바싹 타들어 갔다.

어느 날, 모임을 같이하는 친구가 찾아왔다. 양손을 비비며 말을 꺼낼듯하면서 우물쭈물 뜸을 들인다. 무슨 일이 있느냐고 묻자 그때야 미안하다며 가시나무를 더듬듯 이야기를 힘들게 시작한다. 아내가 양품점을 하다가 식료품 가게를 하고 싶어 하는데, 마침 좋은 자리가 나서 임차하려니 가진 돈이 모자란단다. 대출받으려면 보증 두 사람이 필요해서 부탁하러 왔다고 했다.

그는 군청에 운전기사로 근무하고 있지만, 고향이 아니라서 우리 모임 친구 말고는 특별히 친한 사람이 없다. 내키지 않았지만 야박하게 거절할 수가 없어서 인감도장과 신분증을 주었다.

내 업무가 야외교육 등으로 사무실 차량을 많이 이용하다 보니 운전기사였던 그 친구와 동행하는 일이 많았다. 자연스럽게 그 가족 이야기도 많이 듣게 되었다.

그와 가깝게 지내게 된 또 다른 이유는 우리 집과 그 집 아이들의 나이가 비슷해서 서로 놀러 가고 오며 친해졌기 때문이다. 아내도 부인이 하는 양품점에서 아이들 옷을 일부러 사주기도 하며 각별하게 지냈다.

그 친구 부인은 공주가 고향으로 교대를 졸업하고 교편을 잡았다. 방학을 맞아 대구에 사는 여동생 집에 놀러 왔다가 집주인 아들인 그 친구와 눈이 맞아 결혼까지 하게 되었다. 그 친구가 구안와사 후유증으로 입이 똑바르지 못한 것도 연애시절에 몰랐을 정도로 콩깍지가 씌었었다고 했었다.

독촉장을 받고 보증을 선 두 사람이 그 친구를 불렀다. 그 친구는 고개를 푹 숙여 미안하다고 했다. 자초지종 이야기를 해보라고 했다. 그동안 식료품 가게가 전망이 있을 것 같아 본래 하던 양품점을 정리하고 도로변 목 좋은 곳의 점포를 건물주와 계약하였단다. 중도금까지 치른 상태였는데 건물주는 그 건물을 몰래 팔아 버리고 야반도주를 해버려 사기를 당했다고 했다. 이런 형편이니 대출금 원금 상환은커녕 이자에 이자가 눈덩이같이 불어나 애초 대출금의 두 배가 넘었다고 했다.

한동안 서로의 얼굴을 쳐다보다가 마음 급한 내가 갚아야 할 돈을 삼등분해서 우선 갚자고 했다. 그 친구에게 대납한 우리 돈은 부지런히 벌어서 갚으라고 하고 헤어지려는데 나를 붙잡았다. 그 건물의 새 주인이 친한 내 중학교 동기라고 했다. 그러니 점포 계약을 할 수 있도록 도와달라고 혹을 하나 더 달았다. 아무래도 이 친구가 돈을 벌어야 대출금 상환 해결이 될 터이니 부탁해 주겠다고 하였다.

이튿날 새 건물주를 만나 딱하게 된 사정 이야기를 하고, 농협 담당자에게 대출금과 이자를 세 사람이 나누어 갚기로 했으니 계좌번호를 알려 달라고 해서 즉시 송금했다.

대출금 보증 관련은 그렇게 정리하고 잊고 지내고 있는데 다시 또 독촉장이 날아왔다. 곧바로 농협 담당자에게 전화했다. 보증을 선 우리 두 사람은 돈을 보내왔는데, 정작 대출한 그 친구가 송금하지 않아 아직 남았다고 했다. 다시 그 친구를 만났다. 식료품 가게 재료 구매 등 운영비로 허둥대느라 송금하지 못했다며 머리를 조아렸다. 대추벌에 쏘인 양 화가 치밀었지만, 일단은 보증인인 우리 두 사람이 모두 완납하였다.

그날 이후부터 대구로 퇴근하면서 채소 등 식자재를 그 친구 가게에서 샀다. 부인은 고맙다며 열심히 벌어서 갚겠노라며 조금만 기다려 달라고 공손하게 말했다.

어느 날 함께 보증 서준 친구가 식료품을 납품하는 학교에 압류해서 대납한 자기 돈을 받고 있으니 나 보고도 그렇게 하라고 하였다. 그렇게 목을 죄면 그 친구 야반도주할 수밖에 없으니 난 갚을 때까지 기다리겠다고 했다. 그 생각은 좋지만, 그 친구에게 가보면 절약은 고사하고 우리보다 더 펑펑 쓰며 살고 있으니 돈 받기는 글렀다며 잘 판단하라고 했다. 나는 그래도 양심을 믿고 기다릴 것이며, 만약 야반도주한다면 미안하다는 전화 한 번만 주면 그것으로 상쇄하고 말겠다며 그의 말을 일축했다.

얼마간 지난 어느 날, 압류해서 돈을 받는 친구가 날 찾아왔다.

"내 말 좀 듣지, 그 친구 야반도주했어."

자기는 그래도 압류로 얼추 받았다며 자기 말을 듣지 않은 것을 원망했다. '그래, 결국 그렇게 하였구나. 아니 나라도 그런 선택을 할 수밖에 없었겠지.' 싶었다.

그렇게 야반도주한 그 친구의 전화 오기를 기다렸다. 떠나고 사흘 만에 드디어 전화가 왔다. 끝까지 자기를 믿어 준 나에게 가장 미안하다며 울먹거렸다. 지금 한창 두 아이가 진학하고 해서 뒷바라지를 많이 해야 할 테니 이쪽에서 있었던 일은 이제 지우개로 지우듯이 말끔히 잊고 열심히 잘 살라고 했다. 훗날 혹여 만나게 되면 웃는 얼굴로 보자며 전화를 끊었다. 옆에 있던 아내가 지금에 와서 원망의 말을 한들 무슨 소용이 있겠느냐며 쓰게 웃었다.

그렇게 고온 건조한 높새바람처럼 아픔을 주고 야반도주한 지가 어언 30여 년의 세월이 흘렀다. '지금쯤 나를 기억이나 할까? 어떻게 살고 있을까? 하늬바람에 곡식이 여물 듯 잘살고 있겠지.'

잃어버린 여권

여행 4일째 아침, 옷을 갈아입으며 소지품을 옮겨 넣는데 무언가 허전하다. 순간 여행가이드가 귀가 따갑도록 외쳐대는 말이 떠올라 여권을 확인했다. 그런데 없다. 머릿속이 하얗게 비며 가슴이 철렁 내려앉았다. 가이드가 확인을 외칠 때마다 여권 넣어 둔 점퍼 안 호주머니를 확인했었다. 그런데 그 호주머니 속단추가 꿰맨 실만 남아있고 달아나고 없다. 온몸에 식은땀이 배어났다. 혹시나 싶어 가방을 뒤져보고 입었던 옷을 다시 까뒤집어 보아도 없다. 심호흡하며 '어디서 잃어버렸을까?' 어제 일정을 찬찬히 거슬러 올라갔다. 아마도 관광버스가 주유소에 들렀을 때 거기서 잃어버렸다는 짐작이 가장 크게 갔다.

눈치를 채지 못한 룸메이트가 아침 식사하러 가자는 말에 정신을 가다듬으며 호텔 식당으로 내려갔다. 먼저 와서 식사하고 있던 일행들이 잘 주무셨느냐고, 인사를 하며 오늘 여행지의 기대감으로 모두가 환한 얼굴이다. 나 때문에 남은 여행 일정이 엉망이 될 것이라는 생각에 미안하고 암담해서 애꿎은 땀만 자꾸 솟아난다. 식빵과 사과를 쟁반에 담아와 먹는데 톱밥을 씹는 느낌이다.

어쨌든 이제 대책을 찾아야 한다. 먼저 식사를 끝내고 느긋한 모습의 여행사 가이드를 한쪽으로 불러 여권 분실을 알렸다. 내 말을 듣는 순간 바위처럼 표정이 굳어졌다. 사전교육 때 일러준 대로 여권과 비자를 복사해 왔다고 했다. 사진 2장도 따로 보관하고 있다고 하였다. 하지만 해결의 기대감과는 달리 그 말을 듣는 가이드의 얼굴빛이 여전히 어둡다. 미국에서 여권 재발급을 받는 기간이 오래 걸리기 때문에 간단한 일이 아니라고 했다. 그때 저만치에 있던 미국 현지 가이드가 다가와 무슨 일이냐고 물었다. 여권 분실장소로 관광버스가 주유하기 위해 주유소에서 들렀을 때로 추정된다고 하였다. 주유하는 동안 장시간 버스를 탔기에 굳어진 몸을 풀기 위해 차에서 내려 허리를 돌리고 팔을 위아래로 휘두르며 스트레칭을 하였다. 더욱이나 뜀박질까지 여러 바퀴 했기 때문에 아마도 운동 중에 점퍼 단추 실밥이 풀리며 빠져나갔을 것 같다고 말했다. 그 다음은 버스 속에 내가 앉은자리에 있을 가능성, 그리고 식당이나 길에 떨어졌을 확률을 나름대로 말했다. 그 말을 듣더니 대뜸 어제 그 주유소를 자기가 가보겠다고 했다. 그곳까지는 5시간의 거리다. 나 보고는 속히 버스에 앉은자리를 확인해보라고 했다. 반사적으로 차에 올라 확인했다. 하지만 버스 내부는 깨끗이 청소되어 있었다.

이번 해외연수는 미국 서부지역 농업을 보기 위해 도내 23개 시군에서 32명의 공무원이 함께 인천공항을 출발했다.

일정은 먼저 샌프란시스코에 도착하여 유기농산물 판매장에 들러 운영상황과 우리 농산물과의 비교 시찰, 그리고 금문교, 피셔맨즈워프, 트윈픽스 등 시내 문화 탐방을 하였다.

2일차에는 새크라맨토 쌀 재배 농장을 방문하여 농장주의 경영 상황과 대형농기계 이용 포장 견학, JOHN DEER 농기계 전시장을 방문했다.

3일차에는 요세미티 국립공원의 원시림과 거대한 폭포를 본 뒤, 대형 유통 시장에 들러 농산물의 품질이나 포장단위, 가격 등 출하 동향 파악을 하였다.

4일차에는 베이커스필드의 MURRA FAMILY FARM을 방문하여 블루베리, 체리, 복숭아, 배, 사과 등 친환경 농산물 재배 농장 견학과 직거래 농산물 판매 동향을 분석하고 라스베이거스로 이동했다.

5일차에는 실내조경과 플라워디자인 전시장에 들렀다가 그랜드캐니언 대협곡과 그랜드캐니언 빌리지를 탐사하였다.

6일차에는 러플린의 FILIPPI WINERY와 FARMERS MARKET 견학과 로스앤젤레스 문화탐방을 끝으로 마무리하였다. 나머지 이틀은 미국으로 출발하고 한국으로 귀국하는데 각 하루씩 걸려 7박 8일간이었다.

이처럼 연수의 주목적은 캘리포니아 등 미국 서부지역의 농작물 재배 현장에 가 보는 것이었다. 그리고 그 농산물의 유통 실태 파악과 농기계 이용 현황과 전시관 등을 둘러보며 짬짬이 몇 군데 관광 명소에 들리는 일정으로 짜여 있었다.

혹시나 싶어 의자 밑과 차 내부를 몇 번 확인해 보고 맥이 풀려 내려왔다. 버스에는 없다고 말하자 현지 가이드가 그러면 그 주유소로 지금 곧바로 출발하겠다며 택시를 부르려고 했다. 그때 현지 관광버스 기사가 다가와 신 선생님 되시냐고 묻는다. 그렇다고 대답하니 빙긋이 웃었다. '아, 무언가 희망이 있구나!' 호흡을 멈췄다. 피돌기도 멈춘 듯 몸이 뻣뻣하게 굳어진다. 무슨 말이 나올까, 쥐짓고 쫓기다가 더 이상 물러설 수 없는 천 길 벼랑 끝에 선 심정으로 기사의 입을 주시했다.

"이거 애태우며 많이 찾게 하고 비싼 보상을 받고 돌려주려고 했는데, 얼굴을 뵈니 마음이 약해져서 드려야겠습니다."

휴~ 그 말을 듣는 순간 심장이 크게 박동한다. 잔뜩 물먹은 솜뭉치같이 무겁게 가라앉았던 몸이 금방 하늘로 날 만큼 가볍고 뽀송뽀송해졌다. 내가 앉은 의자 밑에 떨어져 있었단다. 건네받은 녹색의 여권이 그렇게 반가울 수가 없었다. 지옥 갔던 표정이 제자리를 찾으며 세상이 갑자기 환해졌다.

여권 분실로 지옥을 다녀왔지만 남은 연수 일정을 꿀맛으로 마쳤다. 좁은 의자에 열세 시간 동안 인내심을 심판받으며 인천공항에 도착했다. 참 유익했던 연수만큼이나 내 나라 신록의 산야가 눈이 부시도록 싱그럽고 아름다워 여권 분실의 참담함과 기내 피로가 한순간에 날아갔다.

주례 없는 결혼식

작은아들은 주례 없이 결혼식을 올린다. '신랑 · 신부를 잘 알고 세상을 먼저 열심히 살아 본 가장 가까이에 있는 사람이 주례를 서는 것이 맞지 않을까?' 주례를 여러 번 서면서 느낀 나와 예비 신랑 · 신부의 생각이 일치된 선택이다.

아내와 작은아들은 새벽같이 일어나 머리 손질을 위해 웨딩숍으로 향한다. 나도 덩달아 일어나 한복을 입고 손님을 맞을 계획이어서 맡겨 둔 한복집으로 간다. 무심코 올려다본 시월의 하늘은 청명하고 차분하다. 새 출발 하는 신랑 · 신부에게 축하의 선물을 미리 받는 느낌이다. 한복집에는 웨딩숍에 일찍 다녀온 사돈 부부가 반갑게 맞는다. 자식 혼사로 맺어지는 소중한 인연이라 조심스러우면서도 살가운 마음이 달음질로 다가가 손을 내밀게 한다.

사회자가 결혼식을 올리기 전에 혼인하게 되는 신랑 · 신부 약력과 양갓집을 간략하게 소개를 한 뒤 시작한다.

지금부터 신랑 신검식 군과 신부 임보람 양의 결혼식을 시작하겠습니다. 양가 어머니께서 화촉 점화가 있겠습니다. 신랑 · 신부 두 어머니께서 나오셔서 촛불을 켜 주시기 바랍니다. 신랑 입장, 신부 입장, 신랑 · 신부 맞절, 혼인 서약이 있겠습니다. 혼인 서약은 양가를 대표해서 신랑 아버지께서 나오셔서 서약받으시고 성혼 선언문을 낭독해 주시겠습니다.

"오늘 모든 바쁜 일정을 밀치고 결혼식에 참석해 주신 하객 여러분에게 머리 숙여 먼저 감사를 드리면서, 두 사람이 부부가 되기 위한 질문과 답을 듣도록 하겠습니다."

"신랑에게 묻겠습니다.

신랑 신검식 군은 신부 임보람 양을 아내로 맞이하여 어떠한 경우라도 항시 사랑하고 존경하며, 양가 부모님을 공경하고 남편의 책임과 의무를 다할 것이며, 서로를 굳게 믿으면서 아내에게는 사랑과 아량을 베풀고, 가정에는 행복과 희망을 가꾸는 든든하고 슬기로운 남편으로 살아갈 것을 서약할 수 있습니까?", "예!"

"신부에게 묻겠습니다.

신부 임보람 양은 신랑 심검식 군을 남편으로 맞이하여 어떠한 경우라도 항시 사랑하고 존경하며, 양가 부모님을 공경하고 아내의 책임과 의무를 다할 것이며, 서로를 굳게 믿으면서 남편에게는 믿음과 신뢰를, 가정에는 평안과 꿈을 키우는 사랑스럽고 지혜로운 아내로 살아갈 것을 서약할 수 있습니까?", "예!"

신랑 · 신부 두 사람이 부부가 되기 위한 사랑의 맹세를 하였다며, 성혼 선언문을 낭독한다.

사회자가 오늘 새로운 가정을 이루고 첫 출발하는 신랑 · 신부에게 덕담해 주시겠다는 멘트를 한다.

먼저 신랑 아버지인 내가 먼저 덕담하였다.

> "항상 든든하고 과묵한 아들 신검식과 밝고 예쁜 며느리 임보람의 결혼을 진심으로 축하하면서 평생 건강하고 행복하기만을 바라는 마음에서 몇 가지를 당부합니다.
>
> 첫 번째, 두 사람은 서로를 신뢰해야 합니다. 신뢰한다는 것은 모든 문제해결의 기본 열쇠가 됩니다. 살다 보면 늘 봄비만 촉촉이 내려서 향기롭고 아름다운 꽃만이 평화

롭게 피는 것은 아닙니다. 때로는 거친 바람을 만나고 꽁꽁 얼어붙는 어려움도 닥칩니다. 그럴 때마다 검식이는 보람이를, 보람이는 검식이를 격려하고 한발 물러서서 용서와 신뢰할 줄 알아야 합니다.

두 번째, 맞벌이 부부로 서로에게 어떻게 도와줄까를 생각해서 실천해 주기 바랍니다. 결혼은 건강한 정신의 공정한 거래라고 하였습니다. 가사 일을 부부가 함께 사랑으로 공평하게 분담하여 환한 웃음과 살가움이 넘치는 가정을 만들기 바랍니다.

세 번째, 서로를 인정하고 단점보다는 장점을 찾도록 노력하기를 바랍니다. 서로가 해 줄 수 없는 것을 요구하거나 충돌이 자명한 상황을 만들지 않도록 다 같이 노력하기를 바랍니다.

네 번째, 어른 공경의 당부입니다. 두 사람이 있기까지는 부모가 있었고 가족과 친척이 있었음을 잊지 말아야 합니다. 어른을 공경하는 것은 나를 공경하는 것이요, 나의 가정을 공경하는 것입니다. 자식에게 어른 공경보다 더 좋은 산교육은 없다는 사실을 명심하기를 바랍니다.

마지막으로, 신랑 · 신부와 하객 여러분에게 부탁을 드립니다. 두 사람 모두 직장에서는 꼭 필요한 사람이 되도록 매사 열정과 책임감으로 일하기를 바라며, 가지를 잘 쳐주고 받침대로 받쳐 준 나무는 곧게 잘 자라지만, 내버려 둔 나무는 아무렇게나 자랍니다. 사람도 이와 마찬가지여서 잘못하면 여러분들이 지적해 주시고, 지적받은 두 사람은 그 말을 잘 듣고 고치는 사람이 되어야 그만큼 발전된다는 것을 명심하기 바랍니다.

다시 한 번 당부합니다. 항상 서로를 사랑하고 신뢰로 존중하면서 상대편에게 맞추려고 노력하고, 어른을 공경하기를 바랍니다. 그리고 일에는 최선을 다하고, 예의를 갖춘 바른 생각으로 사회생활을 하며, 아울러 자연도 사랑하고 음악회도 함께 가는 마음의 여유로움을 가지기를 바랍니다.

보람이, 내 가족이 돼줘서 고마워. 두 사람의 결혼을 축하하고 사랑한다."

이어서 신부 아버지가 덕담하였다.

"두 사람이 부부로 맺어져서 정말 기쁘고, 축하하면서, 인생을 먼저 살아 본 아버지로서 한 가정을 행복하게 꾸리는데 도움의 될 이야기를 일러두고자 합니다.

두 사람은 서로를 인정하고 믿음과 존중하는 노력을 하기 바랍니다. 그리고 늘 처음처럼 사랑하며, 매사 역지사지로 상대편 입장에서 한 번쯤 생각해 보고 행동하고, 서로를 배려하는 노력을 하기 바랍니다.

또한 서로에게 칭찬에 인색하지 말고, 상대방의 좋은 점을 많이 활용하는 것이 행복한 가정을 만드는데 근본이 될 것입니다.

아울러 마음으로부터 어른 공경과 가족 · 친지들과 화목하게 지내도록 예의를 갖추고 배려하기를 바랍니다.

끝으로 직장에서 성실하고 능동적으로 일을 해서 향기가 나는 사회인이 되기를 바랍니다.

두 사람의 결혼을 축하하고 아주 많이 사랑한다. 잘 살아라."

신랑 · 신부는 양가 부모님과 하객에게 감사의 인사와 행복하게 잘 살겠다고 간단하게 말한 뒤, 신부 부모님에게 신랑은 큰절하고, 신부는 반절합니다. 인사를 하면 친정아버지는 딸을 안아 주시고, 장모님은 사위를 가볍게 안아 주시기 바랍니다.

신랑 부모님에게 인사를 드립니다. 인사를 하면 시아버

지는 며느리를 가볍게 안아 주시고, 어머니는 아들을 안아 주시기 바랍니다.

다음은 축가 순서인데 축가는 성악 전공인 신부 친구가 선사하겠습니다.

신랑 · 신부와 양가 혼주는 중앙으로 나와 하객에게 정중하게 인사를 올려 주셔요.

신랑 · 신부 행진을 하기 전에 하객들은 모두 자리에서 일어나서 축복의 길로 출발, 하면 '행복하게 잘 살아라' 라고 외쳐 주시면 고맙겠습니다. 신랑 · 신부 행진, "행복하게 잘 살아라!"

이상으로 신랑 신검식 군과 신부 임보람 양의 결혼식을 모두 마칩니다. 감사합니다.

주례사 대신 신랑 · 신부 아버지의 덕담으로 진행한 결혼식이 끝난다. 혼주석에서 일어나는데 썰물로 바닷물이 빠져나간 뒤처럼 후련하면서도 허전하다.

2014. 10. 19 작은아들 결혼

빈 둥지

삼십여 년 전에 아내와 부부가 되었을 때처럼 이제 둘만이 남았다.

부부의 연을 맺고 이내 태어난 아들이 방긋방긋 해맑은 미소로 눈맞춤 하며 재롱을 떨 때는 퇴근 시간이 기다려졌었다. 걸음마를 시작하면서 시도 때도 없이 밖에 나가자고 졸라서 때로는 성가시기도 했다. 학교에 입학하고부터는 우리 부부의 무릎을 떠나 친구들과 더 잘 어울려 지내니 잠시나마 돌보는 고달픔에서 벗어날 수 있었다. 대학입시 때는 온 가족이 비상사태로 텔레비전을 볼 때도 방해가 될까 봐 숨죽였다. 두 아들이 비슷한 시기에 입대해서 군 복무를 마치고 복학했다. 낭만은 고사하고 취업 때문에 노심초사 한바탕 전쟁을 치르고 서야 직업을 가졌다.

한 가지 더 욕심은 내가 공직에서 물러난 후에 자식에게 발목 잡히지 않고 내 인생 내가 선택하는 삶을 살고 싶어서 퇴직 전에 두 아들 모두 결혼하는 거였다. 큰아들은 직장을 몇 번 옮겨 다니느라 뒤돌아볼 새도 없이 결혼할 나이가 되어 짝을 찾아 결혼식을 올렸다. 작은아들은 몇 번의 소개팅에서도 짝을 만나지 못하다가 다니던 직장에서 인연을 만나 결혼하였다. 희망했던 대로 퇴임 전에 두 아들이 다행히 결혼하였다.

꽉 찼던 둥지에 큰아들이 빠져나갔을 때는 그래도 남아있는 작은아들이 공백을 메꾸어서 허전함을 크게 몰랐다. 작은아들마저 떠난 아파트는 텅 비었다. 헛헛해 오는 마음 때문에 두 아이가 지냈던 방문을 자꾸만 닫아 놓았다.

신혼여행을 다녀온 작은아들이 신혼 살림집으로 떠나기 위해 옷가지를 챙겼다. 아내는 당장 내일부터 먹어야 할 밑반찬을 만드느라 분주했다. 이윽고 저들의 둥지로 간다고 인사를 했다. 아내는 밑반찬 꾸러미와 신행 때 가져온 음식과 과일을 한가득 싸서 아들과 며느리 손에 들려주었다. '아, 이제 모두 떠나가는구나!'

지난해 결혼한 큰아들의 방문을 열어본다. 글을 쓰는 내게 회갑 선물로 사준 컴퓨터가 자리를 차지하였고 원예치료 강의에 필요한 소품들이 가득하다. 거기다가 수시로 배달되는 책이 쌓여서 방주인이 바뀌었음을 알린다.

닫혀있는 작은아들의 방문을 열고 들어간다. 먼저 주인 잃은 빈 침대가 나를 쳐다본다. 가장 큰 침대를 샀지만, 아들의 큰 키를 감당하기엔 부족하였다. 다리를 구부리고 자는 모습이 떠올라 마음이 짠해져 온다. 빈 책상이 나더러 앉으라고 한다. 의자의 높이를 낮추어 앉아본다. 늘 무던히 앉아서 설계 공부를 하거나 컴퓨터 자판기를 두드리던 아들 체취가 느껴진다. 옷장의 옷걸이가 텅 비어 옷을 걸어달라는 듯 허전하다.

외출에서 돌아와도 아내만이 무덤덤하게 쳐다볼 뿐 "아버지 다녀오셨어요." 인사 소리도 들리지 않는다. 감자를 삶아도 두 아들이 있을 때는 호호 불며 둘러앉아 먹었는데, 지금은 그저 마주하는 아내밖에 없고 텔레비전 소리만 높다.

아들 둘을 대학 졸업시키고 결혼시켜 아파트 전셋집을 마련해 주었다. 두 아들이 승용차를 살 때도 똑같은 금액을 딱 한 번 보태 주는 것으로 부모의 책임을 일단락 지었다.

큰아들 부부가 결혼하고 일 년여가 지난 어느 날, 융자를 좀 내면 아파트를 살 수 있겠다고 말하였다. 내심 알뜰히 저축한 것이 대견했다. 아내는 조금이라도 보태 주었으면 하는 눈치였다. 스스로 살 능력이 되면 그렇게 하라고 했다. 대신에 우리도 금전적으로 부담 주며 기대지 않을 테니 좀 도와주지 않는다고 서운한 마음을 갖지 말라고 일렀다. 각자 홀로서기에 충실하자고 말하고 나니 마음이 편하지 않았다. 아버지는 자식 앞에서는 자꾸만 유리잔이 된다. 풍족해진 세월 뒤, 아버지의 웃음은 더 가난해질 것이다. 늙어 초라한 부모가 되지 않으려면 정의 브레이크를 꽉 밟아야 한다.

두 아들이 결혼하기 전에는 살던 아파트가 그냥저냥 지낼만 했는데, 결혼한 뒤에 가끔 집에 들러 자고 가는 날에 문제가 생겼다. 마냥 붙어 자고 싶은 신혼부부이거늘 결혼 전에 아들이 썼던 좁은 침대여서 큰아들 부부는 며느리만 침대에 자고 아들은 거실에서 떨어져 자는 모습이 내내 안타까웠다. 어느 날 작은아들 부부도 집에 들러 자고 간다기에 침대가 좁아 같이 못 자니 그냥 너희들 집에 가서 편하게 자라고 했지만 괜찮다며 방문을 닫았다. 둘 다 보통 덩치가 아닌데 어떻게 잤을까.

아내와 의논 끝에 이십여 년 만에 아파트를 분양받기로 하고 신청하려고 인터넷에 들어갔다. 그런데 뭔가를 자꾸 설치하라고 하는데 지시대로 해도 계속 거부 메시지가 떴다. 안 되겠다 싶어 작은아들에게 내 집으로 퇴근해서 저녁을 함께 먹고 분양신청을 도와 달라고 하였다.

저녁 무렵 아들과 같은 직장에 근무하는 작은며느리가 “아버님, 저희 왔어요" 볼우물을 지으며 아들과 함께 들어왔다. 갑자기 침울한 빈 둥지가 환해지며 집이 꽉 찼다. 아들은 집에 오자마자 아내의 휴대폰을 찾아 만보기 앱을 찾느라 조몰락거렸다. 아마도 얼마 전에 아내가 휴대폰에 만보기 앱이 지워졌다고 하소연한 것을 기억한 모양이다.

며느리가 내 주민등록번호와 공인인증서 비밀번호만 알려달라고 했다. 한참을 컴퓨터 자판기와 노는 듯이 두드리더니 다 되었다며 자료를 USB에 담아가서 내일 분양신청을 해 주겠다고 했다. 내게 신청 방법을 알려주고 가도 제대로 할 수 있을까, 걱정되었는데, 며느리가 신청해 주겠다는 그 말에 체한 뱃속이 일시에 내려간 듯 시원해졌다. "여보, 오늘 아들 며느리 둔 덕 봤네!" 하며 아내를 바라보자, 수고 값으로 좋아하는 반찬을 몇 가지 만들어 놓았다며 보름달 같은 밝은 얼굴로 웃었다.

아침 일찍 출근해야 한다며 필요한 일이 있으면 언제든지 부르라며 아들 부부가 일어섰다. 아들 부부가 떠나고 나자 다시금 둥지가 텅 빈 듯 공허해졌다.

이제 아내와 둘이서 사람인人 자로 서로 기대며 아들 없는 둥지에 익숙해져야 하리라. 가끔이라도 아들 부부가 둥지를 찾아주면 고마운 일이고.

아내 없는 집

회갑을 맞은 아내는 여행을 떠난다. 조폐공사 근무 시절에 만난 양띠 친구들과 열 이틀간 독일, 체코, 오스트리아, 헝가리, 크로아티아, 슬로베니아, 보스니아의 풍광과 문화, 사는 모습을 보기 위해 몇 개월 전부터 준비에 부산을 떤다.

서둘러 고속버스터미널로 출발하자니까, 아침밥을 안쳐놓고 가겠단다. 밥할 줄 안다며 등을 떠밀었다. 미역국, 순두부국, 된장찌개, 시금치 무침, 삼동추 무침, 오징어 조림, 멸치 조림, 버섯볶음, 어묵볶음, 구운 김, 쌈 배추 등 반찬을 잔뜩 만들어 놓아 돌아올 동안 다 먹을까, 싶다.

새벽 5시 40분에 출발하는 우등버스를 태워주기 위해 가속 페달을 지그시 밟는다. 이른 시간이라 한산한 도로 덕에 운전이 즐겁다. 새벽 5시가 되기 전에 버스터미널에 도착한다. 따뜻한 차 안에 좀 있다가 가라고 해도 고무풍선 같은 마음이어서인지 잘 다녀오겠다며 대합실로 향한다. 정차해 있다가 아내에게 전화를 걸었다. 함께 갈 친구 한 명이라도 왔느냐고 하자, 자기가 꼴찌라고 얼른 가라며 창문 너머로 손짓까지 한다.

퇴직공무원 대상 재능기부 강의를 하고 돌아와 아파트 문을 연다. 늘 소파에 앉아있던 아내가 없으니 헛헛하다. 지난해부터 잠자리를 따로 해도 허전하지 않았는데, 아내의 부재가 약간은 불안하고 잠자리에 들어도 도무지 잠이 오지 않는다. 무슨 소리에도 신경이 쭈뼛쭈뼛 서고 중간중간에 잠을 깨며 선잠을 자게 된다.

외출에서 돌아와 문을 열었을 때 깜깜한 거실이 싫어서 저녁에 집을 나갈 때는 일부러 불을 훤히 켜놓는다. 침묵의 집이 싫어서 텔레비전도 내내 틀어 놓는다.

세면대에 아내의 긴 머리카락이 떨어져 있다. 다른 때 같으면 뒷정리를 깨끗이 하지 않았다고 잔소리 감이지만 왠지 반갑다.

아침에 과일즙 갈아먹는 방법을 세세하게 알려주고 갔지만 갈아먹기가 번거로워 주말에 며느리가 와서 갈아 준 것 외에는 갈아 먹지 않았다.

일어 강의를 듣고 오는 길에 시장에 들른다. 아내가 끓여 놓고 간 된장찌개에 냉이를 좀 더 넣고 싶어 사 왔다. 평소에 아내가 나물 다듬기를 해도 그냥 시나브로 하는구나, 구경만 했었다. 그런데 막상 냉이를 펼쳐놓고 누런 잎을 제거하고 잎과 뿌리 경계 부위에 묻은 흙과 거친 표피를 칼로 긁어내는 작업은 시간이 오래 걸리고 같은 자세로 오래 하다 보니까 허리와 다리가 저리다. 아내도 그랬을 테지.

새벽에 일어나 조깅하고 베란다 식물에 물을 준 뒤 입고 있던 운동복을 세탁한다. 서둘러 아침을 해 먹고서 목욕하러 간다. 후련한 마음으로 한의원에서 백내장 치료 침을 맞고 마트에 들러 내일 며느리가 온다기에 좋아하는 딸기와 참외를 산다. 집에 돌아와 두 며느리에게 선물로 줄 줄리언 꽃을 하얀 울타리 모양으로 만든 긴 화분에 심는다. 그리고 걸레를 빨아서 청소를 시작한다. 아내가 평소 벨크(일명 찍찍이)로 청소하는 것을 보며 깨끗한 청소가 될까, 의구심을 가졌기에 물걸레로 청소를 시작한다. 안방과 아들이 거처했던 두 개의 방, 주방, 거실을 닦고 책장 먼지를 털고 닦는다. 마지막으로 화장실 청소를 시작한다. 대형거울을 닦고 좌변기에 전용세제를 뿌려서 씻고 타일 바닥을 수세미에 비누를 묻혀 박박 문지른다. 문틀이나 책장 등 손이 잘 가지 않는 구석구석에는 더러우리라 생각했는데 비교적 깨끗하다. 아내가 평소에 벨크로만 청소한 줄 알았는데 물걸레 청소도 한 모양이다. 청소를 다 하기까지 걸레 빨기를 스무 번은 족히 한 것 같다. 걸레질하다가 침대 받침이나 의자 다리에 손등이 부딪쳐 군데군데 벌겋다. 두 시간 정도 걸려 청소가 끝난다. 이마에 땀이 배어나고 온몸이 후끈하다. 무릎도 얼얼하다. 중노동이다.

두 며느리는 혼자 지내는 내가 신경이 쓰이는지, 매일 전화로 끼니를 챙겨 먹었는지, 어떻게 지내는지 번갈아 확인 전화를 한다. 두 아들 부부가 집에 도착할 시간을 계산해서 모임에 갔다가 중간에 양해를 구하고 늦을세라 서둘러 집에 도착한다. 거실 불은 켜져 있는데 아무도 없다. 퇴근해서 저녁을 먹고 오라고 했더니 집에 도착하여 근처 식당으로 간 모양이다. 한참을 기다려도 오지 않아 전화를 건다. 예상대로 저녁을 먹고 있다며 곧 출발해서 온단다. 천천히 먹고 오라며 에둘러서 말했다. "많이 기다리셨지요?" 하며 두 며느리가 허겁지겁 들어온다. 냉장고에 있는 과일부터 깎아 내놓는다. 그동안 쌓인 이야기를 공깃돌 주고받듯 하다 보니까 금방 밤이 깊어진다.

작은아들 부부는 자기네 집으로 가고 큰며느리는 자고 내일 아침상을 차려주고 간단다. 나를 생각해 주는 마음이 찔레꽃 향처럼 그윽하다. 아침에 갈치를 굽고 매생이굴국을 끓여서 따끈하게 올렸다. 마냥 기특하다. 식탁 한쪽에 아침 대용으로 먹는 빵이 여러 개가 있다. 큰며느리에게 웬 빵이냐고 물었다. 동서가 아버님이 간단하게 식사하고 싶을 때 잡수시라고 준비한 것이라고 대답한다. 너희들의 마음 씀이 참 미덥다고 말하고 마침 화이트데이라 심어놓은 꽃을 새봄맞이 선물로 주었다. 여학생같이 까딱 절을 하며 아버님이 최고란다. 가슴속에 모닥불을 피운 듯 따뜻함이 차오른다.

상기된 얼굴로 떠난 아내가 독일 프랑크푸르트에 도착하였다는 문자가 날아온다. 또 헝가리 부다페스트에서 아침을 먹고 크로아티아로 6시간 버스를 타고 이동한단다. 이렇듯 아내는 무심하다 싶을 즈음이면 반딧불이 마냥 반짝반짝 여행지를 어디로 이동한다는 문자를 보내온다.

햇빛이 화사하게 웃는다. 침대 시트와 이불을 베란다 건조대에 넌다. 아내가 늘 하는 것처럼 과일을 씻어서 먹기 좋게 잘라서 쟁반에 수북이 담아 랩을 씌워서 냉장고에 넣는다.

방과 거실, 주방 등을 아내가 하는 방식대로 벨크로 밀었더니 새까맣게 묻어나서 몇 번이나 뜯어내면서 민다. 벨크가 들어가지 못하는 곳에는 걸레로 닦아 내었다. 내 몸을 씻은 듯 개운하다.

된장찌개를 데우면서 짜지 않게 쌀뜨물을 조금 붓고 애호박을 숭덩숭덩 썰어 넣고 마지막에 냉이를 넣은 뒤 호박이 익을 만큼 끓였다. 예상한 대로 맛이 어깨가 으쓱할 만큼 그럴싸하다.

아내가 지금 독일이라며 문자가 온다. 저녁 6시 40분 비행기로 출국하면 인천공항에 내일 낮 12시 40분에 도착 예정이란다.

귀국하기 전에 음식물쓰레기와 휴지통을 비워 놓으려고 가지고 나간다. 누가 볼까, 쑥스럽다. 아내는 삼십오 년째 같이 살면서 이 일만은 네게 부탁하거나 시키지 않아 한 번도 한 적이 없다. 집 안 청소를 시작한다. 방 3개와 거실, 주방을 물걸레를 몇 번씩 빨아가며 말끔히 닦는다. 다시금 내 마음 청소를 말끔하게 한 기분이다.

이순이 넘어 아내 없는 집은 적막감만이 있을 뿐이다. 새삼 아내의 빈자리를 크게 느낀 열 이틀간이 개울물같이 바쁨과 반성을 주며 지나갔다. '떠날 때보다 더 깔끔해진 주방과 거실, 방을 보고 아내는 무슨 말을 할까?'

여행

아내의 예순한 번째 생일이다. 아침 일찍 두 며느리가 생일상을 차려온다고 아무것도 하지 말고 가만히 있으란다. 조금 있으니 찰밥과 미역국이며 나물과 고기반찬이 들어온다. 케이크는 직접 만들었다고 한다.

정 나눔으로 한바탕 잔치를 치르고 기념 여행을 나선다. 잔뜩 찌푸린 하늘을 보며 비가 내리지 않기를 빌어본다. 삼십오 년을 함께하며 회갑을 맞은 아내를 위해 통영으로 가족여행을 떠난다. 통영이 가까워지자 그 걱정이 무리한 희망이었음을 보여준다. 차창에 후드득 빗방울이 보이기 시작하더니 이내 윈도 솔을 작동해야 할 만큼 쏟아진다.

계획대로 통영 케이블카 타는 곳에 도착하였다. 비가 내려

시계가 뿌옇지만, 가족과 함께여서 밝은 마음이다. 이윽고 케이블카가 산 정상 바로 밑에 일행을 내려놓는다. 비가 오니 좀 쉬다가 그냥 내려갈 것인지, 미륵산 정상까지 도보로 올라갈 것인가를 두고 망설였다. 큰아들이 이왕 여기까지 올라왔으니 올라가자며 앞장을 선다.

비는 눈치도 없이 내린다. 중간중간에 길섶 야생화에 눈길을 빼앗긴다. 산수국, 바위채송화, 천남성, 마삭줄, 넉줄고사리의 제각각 자연스러운 모습을 사진에 담는다. 정상에 오르고 보니 역시 잘했구나 싶을 만큼 조망이 멋지다. 기념사진을 한 컷 찍고 왔던 길을 다시 내려가기 시작한다. 올라올 때는 비 때문에 마음이 바빠 지나쳤던 스님들에게 합장하며 시주를 한다. 두 아들 부부도 시킨 양 합장 인사를 올리고 시주를 한다.

비가 훼방을 놓아 일정을 조정하여 예정 시간보다 일찍 리조트에 입실했다. 주문한 야외 음식들도 비 탓으로 취소가 되어 하는 수 없이 시장을 보러 나갔다. 저녁을 먹으며 한잔 술로 가족애를 지폈다. 비 때문에 식었던 기분이 얼굴에서부터 되살아난다. 아들 부부가 퇴근해서 밤늦게까지 만들었다는 고구마 케이크를 탁자 위에 올려놓고 생일 축하 노래를 함께 부른다. 두 아들 부부는 슬그머니 봉투를 내민다. 나도 현금 선물을 준비했다. 봉투를 받아 든 아내 얼굴이 함박꽃같이 환하게 핀다. 역시 돈이 최고다. 아내더러 오늘 여행의 주인공이니 덕담하라고 했다.

"내 회갑을 축하해 주기 위해 함께 해준 남편, 두 아들 부부 고맙고, 오늘의 이 마음처럼 늘 즐겁고 건강해서 행복한 우리 가족이 되자는 뜻을 이 술잔 속에 담습니다."

이렇게 비 오는 거제도에서의 밤은 술잔의 수만큼 가족의 정이 소록소록 쌓여 갔다.

이튿날 아침 바다는 어제의 비바람을 사과라도 하는 듯 목화솜 같은 안개를 이불로 덮고서 잔잔함으로 침묵하고 있다. 주방에서 아침을 준비하는 칼질 소리가 경쾌하다. 아내가 주방장이다. 두 며느리는 보조 역할로 미안함을 웃음소리의 강약으로 조율해 가고 있다. 잠시 챙겨오지 않은 재료가 있다고 부산하다. 여행에서 만들어 먹는 음식은 마음의 들뜸과 홀가분함의 양념이 추가되어서인지 모자람이 있어도 맛이 있다.

아내는 음식을 만들어 놓고 뒤로 물러난다. 이제 음식을 담고 식탁을 차리는 일은 두 며느리의 몫임을 정하지 않아도 자연스럽게 이루어진다. 집에서 비하면 반찬 수가 적지만 진수성찬이다.

좀 더 머물고 싶지만, 다시 비가 내려 커피 한 잔으로 아쉬움을 정리하고 리조트를 나선다. 비 내리는 고요한 바다가 눈에 자꾸만 밟힌다. 몽돌해수욕장으로 가는 길 주변이 온통 푸르러 가랑비를 아랑곳하지 않고 창문을 내린다. 일탈의 보상을 받기라도 할양으로 연거푸 심호흡했더니 가슴이 뻥 뚫린다.

우수에 젖은 몽돌해변은 아늑하다. 또 언제 찾겠느냐 싶어 대형 우산을 받쳐 들고 해변으로 성큼 나선다. 우리 같은 마음으로 나선 여행자들이 제법 서성거리고 있다. 그 무리 속으로 끼어들어 마음을 편승했다. 동글동글하게 귀엽게 생긴 작고 큰 몽돌이 밟을 때마다 자그락자그락 소리가 나그네의 마음을 자극한다. 아내도 깎여서 모나지 않는 삶을 살아왔다. 큰 소리 한번 내지 않고 안으로 자기를 깎아가며 둥글게 지금까지 왔다. 그 노고를 알기에 빗물로 옷은 다 젖었지만, 아내에 대한 정감 어린 마음이 되어 웃음이 끊이지 않는다. 저만큼 산허리를 휘감은 한 자락 뽀얀 안개가 비 맞는 여행자를 위로한다.

'회갑을 맞은 아내여, 언제나 현실은 닫혀 있고 꿈은 열려 있다네. 나이는 먹는 것이 아니라 잘 숙성되어가는 포도주가 되는 것이네. 이제 가끔 오늘 같은 여행으로 사랑과 화목의 꽃을 피우며, 아름다운 추억을 하나하나 만들어 가는 노년의 삶으

로 가꾸어 갑시다.'

비 탓에 점심은 얼큰한 해물 뚝배기로 의견일치를 보고 훌훌 먹느라 이마에 땀방울이 송송 배어난다. 고개 들어 가족을 바라보는 아내의 눈빛이 더없이 그윽하다.

둘째 사돈

아들이 주말에 다른 일정이 있느냐고 묻는다. 왜, 그러느냐고 하자, 장인 · 장모가 시간이 되면 함께 논산으로 바람 쐬러 가잔다고 전한다.

주말 아침, 바깥사돈과 함께 논산으로 출발했다. 도로에는 차들이 콩나물시루 같다. 갑작스럽게 가자고 해서 혹여 다른 일정을 밀치고 오지 않았느냐며 사돈은 눈치를 살핀다. 논산에 유명한 한의원이 있어서 침도 맞고 보약을 지어 오고 싶어 그랬단다.

손녀가 어린이집에 가기 전에는 사돈과 분담하여 돌봐주다 어린이집에 가고부터는 주말 외에는 우리가 돌봐주었다. 그러다 손녀가 장염으로 병원에 입원하게 되었다. 안사돈끼리

병간호하였는데 아내가 피곤해 보인 모양이다. 건강이 걱정되었던지 한의원을 염두에 두었던 것 같다.

두 아들의 혼기가 닥치자 친구 같은 사돈을 은근히 기대하였다. '무릇, 사돈 간은 어렵다고 한다. 자식을 나눠 가졌는데, 굳이 어렵게 지낼 필요가 있을까?' 내 자식처럼 보듬어 주겠노라 손을 내밀었다. 편편한 관계로 지내자며 사돈 내외를 번갈아 눈 맞춤하였다. 나보다 여덟 살이 적은 바깥사돈은 참 살가운 분이었다. 내가 당한 교통사고의 뒤처리를 도맡아 해주었으니 말이다.

얼마 전, 고속도로에서 사고가 났다. 내 차를 화물차가 뒤에서 일방적으로 추돌한 것이다. 뇌가 비어 버린 듯 멍했다. 누군가에게 도움을 청해야겠다는 생각이 미치자, 가까이에 있는 둘째 아들이 먼저 떠올라 전화로 사고를 알렸다. 추돌한 화물차 보험회사에서 나와 내 차 블랙박스를 좀 보겠다고 한다. 담담한 표정으로 자기들 책임이라고 판정한다. 정신을 차리는 중에 둘째 아들이 놀란 사슴 눈으로 달려왔다. 다친 데는 없느냐고 내 몸을 위아래로 살핀다. 블랙박스를 보고 알아서 수습할 테니 마음 편히 가지라고 하며, 장인이 오실 거라고 알린다. 내 사고 연락을 받고 차 수리 문제로 장인과 의논하느라 알게 되었단다. 옆에서 들은 듯이 바깥사돈의 전화다. 사고 현장으로 가고 있으니 자동차 키만 앞 타이어 위에 숨겨놓고 바로 아들 차를 타고 가라고 했다. 차량 정비는 잘 아는 곳에 맡길 테니 걱정하지 말란다. 강의로 늘 움직이니 렌터카도 바로 보내도록 조치해 놓았다고 덧붙인다. 세상이 사막으로 번지고 척박하고 살벌하다지만 사고로 힘이 빠지고 판단력이 흐려진 상황에서 뒷수습을 알아서 해준다는 사돈. 이만큼 고마울 때가 있나 싶어 가슴이 울컥 뜨거워졌다.

두 시간 남짓 걸려 논산에 도착했다. 2층에 자리한 한의원은 꽤 널찍하고 차분한 분위기다. 50대 후반의 한의원 원장은 얼굴 가득 무궁화 꽃을 피우며 밝게 맞는다. 사돈 부부가 먼저 진료 받고 이어서 우리 부부도 한의원 원장 앞에 앉았다. 진맥하고 평소 불편한 곳이 있는지를 묻는다. 몇 년 전에 구안와사를 앓은 뒤 건강관리에 신경을 쓰며 하루 두 시간은 꼭 운동한다고 말했다. 운동하는 것은 좋으나 구안와사를 앓은 사람은 피곤할 만큼 하는 것은 좋지 않으니 한 시간만 하란다. 진료비와 약재 값을 계산하려 하자, 간호사의 눈길이 바깥사돈에게로 향한다.

'사돈께서 계산하셨어요.'

"이건 아닙니다. 우리 약값은 우리가 할게요."

손녀 돌보시느라 기운이 빠지고, 교통사고도 있었기에 그냥 선물했다며, 점심이나 빨리 먹으러 가잔다. 공짜 약 먹으면 약효가 없다고 에둘러도 소용이 없다.

한의원을 나와 차에 오르자 내비게이션이 안내하는 대로 곧장 내달린다. 침을 맞으며 간호사에게 그새 식당을 알아본 모양이다. 지루하지 않을 즈음에 장어구이 식당 앞에 차를 세운다. 식당 겉모습은 여느 식당과 별반 차이가 없는데, 장어도 맛이 있었지만, 반찬 하나하나가 정갈하고 입맛을 감쳐 중년의 주인 얼굴이 예뻐 보였다. 식사 한참 하는 중에 반찬을 더 달라야겠다며 슬쩍 나와 계산했다.

푼푼한 사돈은 수시로 식사를 같이 하잖다. 여행 중에 산나물이 좋으면 사서 택배로 보낸다. 선물 받은 산삼을 나이 많은 사람이 먹어야 한다며 내게 보낸다. 세상인심은 일방통행으로는 오래가지 못한다. 값의 평등은 지키지 않아도 좋다. 사돈이 선물을 보내오면 숙제하듯 정성껏 마음을 담아 답례한다.

사돈 간이지만 물속 돌부리를 넘으며 만들어지는 여울목과 같은 정을 느낀다. 정은 물과 같아 흐르다 머물고, 뒤치고, 출렁이며 끝없이 흘러갈 것이다.

큰손자

MRI 검사 결과가 나왔다. 출산 직후 산소흡입을 제대로 하지 못해 뇌병변이 일어난 것 같다고 의사는 담담하게 말했다. 우려했던 결과에 모두 말문이 막혀 얼굴만 서로 바라봤다.

큰며느리는 국비 직업훈련원에서 아들과 인연이 되어 부부가 되었다. 멀쩡한 큰아들 부부가 결혼하고 두 해가 지나도록 임신 소식이 없었다. 다급해진 부부는 그쪽으로 소문난 병원을 찾아 공을 들여, 삼 년 만에 아기를 가졌다. 기다린 만큼 기뻤다. 거기다가 얼마 지나자 손자라고 알려왔다. 첫 손자라 춤이라도 추고 싶었다.

출산 예정일이 한 달 이상 남았는데 양수가 터져 K 대학 병원으로 가고 있다며 큰아들이 다급하게 알려왔다. 병원에 도착하자 야간 당직 중이던 의사가 태반이 산도産道에서 어느 정도 떨어져 있어 자연분만으로 해보자고 했다. 밤을 지새우며 산도가 열리기를 기다렸건만 기미가 보이지 않았다. 분만실로 들어간 지 꽤 되었는데 아기 울음소리가 들리지 않아 답답했다.

산모가 기진맥진해 있는 걸 본 아내는 기다리지 말고 제왕절개 수술을 해 달라고 했다. 의사는 좀 더 기다려 보잔다. 가슴이 타들어 가는데 나급하게 보호자를 찾았다. 그제야 담당의사는 아기가 너무 작고, 양수가 다 빠져서 자연분만이 어렵다며 속히 제왕절개 수술을 해야 한다고 했다. 우두망찰하여 앉지도 못하고 서성였다. 한참 후 아기 울음소리가 났다. 가슴을 진정시키며 면회실로 갔다. 손자를 안아서 보여주었다. 조그마한 몸뚱이가 온통 붉은데 콧날만 오뚝했다.

큰손자는 예정보다 이른 출산이라 정기적으로 병원에 가게 되었다. 하루는 목을 꺾고 하늘을 쳐다보는데 눈을 뒤집는 것 같아 병원에 들렀다. 의사는 다른 아이들보다 성장 발달이 많이 늦은 것 같으니 계속 진료받으라고 했다. 의사의 늦은 판단이 결국 뇌병변의 원인이 된 것 같아 원망스러웠다.

첫돌을 지나고 두세 살이 되면서 비슷하게 태어난 아이들과 다르다는 걸 느꼈다. 불러도 대답하지 않고, 그냥 한 곳에 몰

두하기만 하고, 몸집도 왜소해 보기에도 안쓰러웠다. 큰아들 내외에게 현실이 가슴 아파도 더 나쁜 경우를 생각하고, 이유를 알았으니 인내하며 공을 들이면 된다고 했다. 조금 늦을 뿐이지 분명히 나아질 거라는 희망을 품자고 부언했다.

큰손자는 언어상의 기능장애를 앓고 있다. 같은 또래에 비해 대화가 원만하지 못하다. 이름을 부르면 얼른 대답하거나 돌아봐야 하는데 반응이 없다. "현호야!" 하고 불러도 돌아보지 않고 블록 쌓기에 열중할 뿐이다. 어미가 "할아버지에게 '네' 해야지." 해도, 블록에만 열중하며 얼굴은 마주치지 않고 입으로만 "네" 한다. 하지만 신체 기능은 정상으로 잘 뛰어놀며 활발하다.

석 달 늦게 태어난 작은아들네 손녀가 큰손자보다 언어 구사가 훨씬 앞선다. 손녀가 오빠인 손자를 "현호야, 그림 그리자, 만들기 하자."며 누나처럼 데리고 놀며 보살핀다. 그러지 않아도 너울가지 없고 말수가 적은 큰며느리가 마른 풀같이 물기 없는 표정으로 먹 끈이 되었다. 원래 여자아이가 성장이 빠르다며 풀 죽은 마음을 다독였다. 큰아들네, 작은아들네가 함께 모이면 나는 좋은데, 큰아들네가 자꾸만 마음 겹다.

두 아들네 부부에게 둘째 가질 생각은 없느냐고 조심스럽게 말을 꺼내 보았다. 둘이면 사람 '人'자처럼 서로 기댈 수 있고,

서로 양보하고 배려하는 마음을 가져 인성이 좋을 거라며 든장질을 하였다. 큰아들은 자신이 없을뿐더러 장애를 가진 현호만 정상인으로 잘 키우겠단다. 현호를 어렵게 가진 데다가 키우기가 너무 힘들다 보니 큰며느리도 그냥 엷은 미소로 눙친다. 작은아들네는 하나만 잘 키우고 싶은데 생각은 해 보겠다며 내외가 마주 본다.

언어능력 검사를 위해 종합병원을 다녀온 큰며느리가 어깨가 처졌다. 또래보다 키도 작고 언어능력도 변화가 없다고 했단다. 집에서는 잘하다가도 의사 앞에서는 입을 다물고 표현하지 않아 너무 속이 상했다며 눈시울을 붉혔다.

잡히지 않는 세월은 구름 흐르듯 잘도 흘러간다. 큰손자가 다섯 살이 되었다. "현호야!" 부르자 획 돌아보며 눈을 맞추었다. 아직 대답은 하지 않았다. 얼마나 가슴 태우며 기다렸던 반응인가. 많이 달라졌다며 애쓴 며느리를 칭찬했다. 작은아들네도 손뼉을 치며 반겼다.

큰손자가 여섯 살이 되었다. "현호야, 할아버지 집에 오니 좋으냐." 나를 바라보며 '예' 한다. "그래, 이제 됐다. 현호 어미야, 네가 열심히 언어 치료, 인지 치료 발품을 판 성적표가 나왔구나. 아직은 또래보다 다소 뒤처지지만, 지금처럼 나아지면 입학할 즈음이면 엇비슷해질 거야. 우리 힘내자!"

작은아들네에 둘째 손자가 태어나고 두 달이 지난 주말, 아들들이 집에 온다고 알려왔다. 큰아들이 먼저 현관을 들어서며 안부를 묻고는 기쁜 소식이 있다고 했다.

"아버지 소망대로 현호 동생이 생겼습니다."

"그것도 쌍둥이입니다."

"뭐, 뭐라고, 정말이야."

"그래, 축하한다. 정말 잘 되었구나. 우리 현호에게도 큰 도움이 될 거야." 큰아들 내외는 그동안 병원에 다니느라 고생했다며 울먹였다. 두 아들네에 손주가 다섯 명, 내 소망을 다 이룬 것 같아 하늘로 나는 기분이다.

병원과 유치원에서 현호가 눈에 띄게 좋아졌다고 했다며 큰며느리의 눈빛이 초롱하다. 큰손자가 아직 약간은 부족하다. 정상이 되는 그날까지 느티나무 그늘막이 되어 주리라.

황혼 육아

매일 아침이면 선물이 현관문으로 들어온다. 눈을 또랑그리며 '할아버지!' 부르며 내 품속으로 달려든다. 금방 적막감이 밀려나고 집안에 생기가 돈다.

오래전, 새벽 운동을 같이하는 분들의 화두話頭가 황혼 육아였었다. 교사로 퇴직한 팔십 대 초반의 어르신이 먼저 목청을 높였다. 손주들 육아 때문에 부부가 서울로 올라갔다고 했다. 초등학교 입학 때까지 돌봐주었는데, 그 후유증인지, 부부가 허리 수술과 위암 수술을 하고 내려왔다고 했다. 자기 자식은 스스로 키우도록 하는 게 맞으니 절대 맡지 말라고 일갈했다.

이야기를 들은 육십 대 중반의 할머니가 나는 이렇게 했노라 대쪽 같이 나섰다. 아들 부부가 육아를 부탁했다. 내가 건강이 좋지 않아 돌봐주지 못한다고 무 자르듯 잘라 말했다. 차라리 매월 육아비로 백만 원을 보내주고 있단다. 그런 탓에 듣고 싶은 강좌를 듣고, 여행을 다니고, 매일 운동도 하니 행복하다며 당당한 표정으로 말했다.

집으로 돌아와, 아내에게 앞으로 태어날 손주의 육아를 어떻게 하면 좋을지 물어보았다. 아내는 구체적으로 생각해 보지 않은 것 같았다. 그래서 자기 자식에게 투자함이 가장 큰 투자이고 보람도 있을 테니 스스로 키우는 것으로 하자고 했더니, 아내는 알았다고 짧게 대답했다.

큰아들네는 직장 따라 구미에서 살고 있다. 며느리가 출산이 가까워지자 평소 내 생각을 알아챈 듯 전문 직종인 직장을 그만두고 육아에 전념하는 선택을 했다. 둘째 아들네는 부부가 같은 직장에 근무한다. 손녀가 태어날 즈음 아들이 집에 들렀다. 한참 뜸을 들이고 도스르다가 손녀가 태어나면 좀 봐줄 수 있느냐고 물었다. 어이쿠, 올 것이 왔구나 싶은 찰나에 한 치 망설임도 없이 아내는 "알았다."라며 간단명료하게 답을 줘 버렸다. 아들은 고맙다며 달뜬 웃음을 지으며 돌아갔다.

아내에게 자기 자식이니 알아서 키우도록 두자고 그렇게 말했지 않았느냐고 벌침을 쏘았다. 아내는 요즘은 외가 쪽에서 많이 맡아준다고는 하지만, 사돈네 막둥이가 아직 고등학생인데 형편이 되느냐. 그리고 내 손녀이고 아직은 이렇게 건강하니까 내가 키워 주고 싶다고 늦췄다. 나는 현실적으로 판단했건만 갑자기 나만 비정하고 옹졸한 사람이 되어 버렸다.

며느리의 육아 휴직이 끝나고부터, 출근길에 손녀는 우리 집에 맡겨졌다. 아내는 분유를 먹이고 안아 둥개질로 연신 벙실거리며 신바람이 났다. 나 역시 입을 꼬물거리며 방긋방긋 웃는 손녀가 귀여워서 강의나 봉사활동이 없는 날에는 같이 맴돈다.

손녀는 조작거리며 걷기 시작하고부터 블록 쌓기, 그림 그리기, 악기 놀이, 지점토 만들기, 병원 놀이, 숨바꼭질을 같이 하자고 졸라댄다. 함께 놀아주다 보면 때론 성가시고 지치기도 한다. 그래도 다음 날 아침, 손녀가 올 시간이면 거실 불을 환하게 밝히고, 추울까 봐 전기장판 코드를 꽂은 뒤, TV 어린이 방송 채널로 얼른 맞춰 놓는다.

며칠 전에는 직접 만들었다며 카드를 선물로 내밀었다. '할아버지, 생신을 축하드려요.'라는 글씨가 삐뚤빼뚤 쓰였다. 아직 글자도 익히지 않았는데, 싶어 며느리를 바라봤다. 그림 카드를 만들기에 '할아버지 생신을 축하드려요.'를 써서 보여줬더니 몇 번 연습하여 썼단다.

요즘은 손녀의 출생 때부터 성장 과정을 하나하나 사진으로 담는 중이다. 훗날 손녀에게 뜻 깊은 선물이 되도록 USB에 차례로 정리하고 있다.

아들 부부가 매일 집에 오니까 좋은 점도 있다. 컴퓨터 고장이나 휴대전화 사용이 궁금하면 즉시 해결해 준다. 필요한 물건 구매나 집에 손볼 곳이 있을 때도 일사천리로 마무르고 해결해 준다.

여느 날처럼 손녀가 현관문을 들어서며 대뜸 오늘이 마지막이라고 한다. 내일부터는 엄마가 유치원에 데려다준다고 깡충거린다. 동생을 임신한 며느리가 삼 개월 후에 출산이라 회사에서 재택근무로 배려받았단다. 우리 채원이 매일 못 봐서 할아버지는 눈물이 나오려 한다고 했더니, 여섯 살 손녀가 날개 접은 나비가 되어 내 품에 살포시 안기며 주말에 오겠다고 한다.

손녀의 그 말이 귀에 쟁쟁한데, 일요일에 정말 왔다. 나를 주려고 만들었다며 쿠키 하나를 집어 입에 넣어 준다. 손녀의 마음만큼 달보드레한 맛이다. 손녀를 돌보지 않았다면 이런 살가운 행복을 느끼지 못했겠지.

제3부

인생 2막

친구야

개나리, 벚꽃이 흐드러지게 웃고 있다. 친구는 봄꽃 향기를 타고 하늘나라로 갔다. 췌장암 진단을 받고 일곱 달을 살았다.

휴대폰 연락이 되는 초등학교 동기 팔십여 명에게 친구의 죽음을 알렸다. 놀란 사실을 확인하는 친구들의 휴대폰 벨 소리가 슬픈 마음만큼 끊이지 않는다.

친구는 평생을 소방직 공무원으로 근무했다. 근무하지 않은 날에는 어김없이 일했다. 승용차로 1시간 거리에 있는 고향에서 소 사육을 시작하였다. 나중에는 소 사육뿐만 아니라 벼농사, 수박 농사도 지었다. 평생을 정말 부지런히 살았다. 내가 근무하는 사무실에도 농기계 수리하러 수시로 들렀다. 농기계 임대사업 부서에 근무하는 직원들은 이제 고물상에

줄 농기계인데도 고쳐 쓰려고만 하는 지독한 친구분이라고 말했다. 그렇게 알뜰하게 열심히 노력하다 보니 재산도 많이 늘었다. 자녀들도 아들은 중등교사, 딸은 간호사로 훌륭하게 키웠다. 아들은 같은 중등교사와 결혼하여 잘살고 있다. 이제 퇴직해서 하고 싶은 일 하며 편하게 지낼 일밖에 없다고 종종 내게 말했다.

지난해 8월, 췌장암 말기 진단을 받았다고 고향 후배가 말했다. 깜짝 놀라 전화를 했더니 거기까지 소문났더냐며 허허 웃었다. 이길 수 있으니 걱정하지 말란다.

친구는 초등학교 동기 모임의 활성화를 위해서도 많이 노력했다. 동기회 나들이를 좋은 곳으로 주선하기 위해 백방으로 인맥을 활용하여 알아보는 수고를 아끼지 않았다. 관광버스 안에서도 늘 유머와 익살로 모두를 즐겁게 하였기에 더욱 애틋하다. 직장에서도 주어진 일에 충실하며 승진에 연연하지 않고 후배들에게 양보하며 살아왔다.

하루는 시간을 좀 내어 달라고 해서 만났다. 승진 기회가 왔는데 '형님.'하며 아주 가깝게 따르는 후배와 함께 승진자 후보에 올랐단다. 지금까지 직장생활을 쿨 하게 해 왔지만, 마지막 승진 기회여서 쉽게 결정을 못 하겠다며 어떻게 했으면 좋겠느냐고 내게 물었다. 나는 마음속에 답을 이미 가진 것 같다고 말했다.

"자네가 나를 찾아와 그 후배 이야기를 언젠가 하였지. 참으로 사람이 좋은데 직장에서 그동안 일이 꼬여 여러 가지 어려움을 겪어 안타까웠다고 하지 않았나. 사람이 더 큰 재산이기에 그 친구는 아직 자녀들도 어려서 직장생활을 오래 해야 한다고 말했지. 자네가 큰 양보를 하기로 이미 결정하고선 내 잘했다는 그 소리 듣고 싶어 날 찾아온 거 다 안다네." 친구인들 승진에 왜 미련이 없고 허탈한 마음이 없었을까.

아픈 중에 친구는 모친상을 당했다. 아무래도 친구를 마지막으로 볼 기회인 것 같아 모친상 문상 당일 아침에 이렇게 그에게 문자를 보냈다.

친구야, 많이 고통스럽지.

살면서 당하지 말아야 할 일을 겪고 있는 자네에게 몇 번 병문안을 가려고 하였어.

하지만 그 마음은 조심스러움이 주저앉게 하여 전화 통화만 하였구나. 그러다가 모친상 소식을 접하게 되었네.

자네가 상주이지만 병환 때문에 문상 손님을 맞을 수 있을지, 걱정되는구나.

오늘 저녁 일곱 시에 초 · 중 · 고 친구들 단체 문상을 하도록 내가 주선했다네.

친구야, 현재 몸컨디션은 어때. 그 시간에 우리를 만날 수 있겠나. 힘들겠지만 나와 주었으면 한다네.

종일 기다려도 아무런 응답이 없었다.

나도 새벽 운동을 하다가 안면 마비가 와서 사십 일째 칩거하며 한의원 치료만 받고 있다. 하지만 오늘 이 친구를 만나지 않으면 두고두고 후회될 것 같아 불편한 얼굴이지만 출발했다. 미리 이야기를 좀 나눌 생각으로 약속 시간 보다 일찍 장례식장에 도착했다. 제법 많은 사람이 고인을 애도하고 있었다. 빈소에는 동생들뿐 친구는 없다. 친구는 고인이 된 이 집으로 양자를 갔다. 당연히 빈소에서 손님맞이를 해야 한다. 건강의 심각성을 직감했다. 친구 동생에게 형님은 지금 어디 계시느냐고 물었다. 집에 계시는데 저녁 일곱 시에 나오실 것이라고 말했다. 저녁 일곱 시가 조금 지나서 친구는 아내와 딸의 부축을 받으며 겨우겨우 장례식장 안으로 들어왔다. 뼈밖에 남지 않은 완전 해골의 모습이다. 눈물이 핑 돌았다. 달려나가 친구의 손을 잡았다. 바싹 마른 겨울 삭정이 같다. 평소에도 체질적인지, 쉬지 않고 일을 많이 해서인지는 모르겠지만 군살은 별로 없었다. 친구는 이렇게 학교 친구들을 만나게 해 주어 고맙다고 하면서 그동안 투병기를 풀어 놓았다. 목소리가 너무 약해서 입 가까이 다가갔다.

지난해 9월부터 치료를 시작했단다. 합천 수도암에서 '자연 속 암 치료'를 시작했다. 맑은 공기와 아름드리 소나무 숲에서 뿜어져 나오는 방향성 물질을 마시며 절제된 식이요법을 실천하였다. 그다음은 에덴병원에 입원하여 자연에서 얻은 치유 추출 물질을 환부에 투여하였다. 마지막으로 일본으로 건너갔다. 암 전문 치료센터에서 중입자 방사선 치료를 받았다. 그런데 두 번째 치료를 받기 위해 갔지만, 전문의가 정밀검사를 해 보고는 더 이상 치료 방법이 없다고 퇴원하라고 했다. 마지막으로 매달렸던 희망 끈이 무참히 끊어져 버리는 절망의 결과를 듣고 온몸에 맥이 탁 풀렸단다. '이제 정말 내 인생이 끝이구나.' 깜깜한 암흑의 나락으로 떨어지며 정신이 아득해졌단다.

그렇게 귀국한 친구는 몸은 급격히 쇠약해져 갔다. 한 달도 되지 않아 몸무게가 20kg이 줄었으며, 죽기 전에는 37kg이 빠졌다고 하였다.

장례식장에 들어갔다. 먼저 온 친구들이 소주잔에 슬픔을 다독이고 있었다. 22일 전에 모친 장례를 치른 같은 영안실이다. 아들이 울먹거리며 말했다. 차라리 일본에 가지 않았더라면 충격을 덜 받아 우리 곁에 좀 더 오래 있었을지도 모른다며 회한의 말을 토하며 엉엉 울었다.

나도 돌아앉아 눈물을 닦았다.

'친구야, 친구야. 잘 가게나.'

재능 기부

나보다 먼저 퇴임한 B 소장으로부터 전화가 왔다. 다짜고짜로 내일 공무원연금공단 교육장에서 좀 만나잔다. 무슨 일이냐고 해도 나와 보면 안다고 에두르며 전화를 끊었다.

이튿날 약속 장소에 나가야 할지를 두고 한참 동안 마음의 공깃돌을 굴렸다. 손에 쥘까, 바닥에 놓을까 망설이다가 일단은 만나보자 싶어 출발하였다. 일러준 장소에 도착하자 이미 많은 분이 희끗희끗한 머리를 맞대고 담소하고 있었다. 내게 전화한 B 소장은 아직 보이지 않았다. 서먹한 기분을 눙치느라 스마트폰에 눈을 꽂고 있는데 "일찍 왔네."하며 B 소장이 입꼬리를 올리며 손을 내밀었다. 이윽고 대경 상록봉사단장이 인사를 하고 연단 앞에 섰다. 오늘 상록아카데미 운영에 대해 협의하고자 강의할 강사들을 불렀단다. 눈을 치켜뜨며 B 소장에게 난 일정이 바빠서 간다고 일어서려 하자 끝까지 들어나 보자고 옷섶을 잡고 주저앉혔다.

상록아카데미는 퇴직공무원이 주체가 되어 나눔 봉사단을 만들었단다. 사회 공익을 위한 자원봉사단으로서 사십여 개 아카데미 과정을 운영한다고 설명하였다. 이 과정을 수료한 분들이 다양한 분야의 재능 나눔 활동을 펴기 위해서 우수한 봉사 인력 양성에 목적을 둔다며 참석하신 강사들의 적극적인 강의를 부탁하였다. 이미 월 · 화 · 수 · 목 · 금요일 일정을 정해 놓았기에 갈등이 왔다. 내 표정을 살피던 B 소장이 강의를 격주로 나누어서 하고 혹시 개인적인 일이 생기면 바꿔서 하면 되지 않겠냐며 내 손을 잡았다.

순서대로 강사들을 한 사람씩 인사를 시켰다. B 소장 차례가 되자 내 손을 억지로 잡아끌며 함께 강의할 사람으로 퇴직과 동시에 대학에서 강의하는 유능한 분이라고 소개해 버렸다. 나는 얼른 아니라며 내용도 잘 모르고 이 자리에 왔다며 밖으로 나오려 하자 기왕 오셨으니 함께 봉사하자는 봉사단장의 말씀에 발걸음을 멈추었다. 퇴직 후 삶의 일부는 사회를 위한 봉사를 하겠다고 다짐한 생각이 떠올랐기 때문이다. 엉거주춤 자리에 앉아 잠시 머릿속을 정리해 보았다. 강의 요일은 비교적 정해진 일정이 단출한 월요일로 하고, 당초에 예시한 강의 내용을 바꿔서 두 사람이 평소 많이 강의하는 것으로 하자고 얼굴을 펴며 말하자, B 소장의 표정도 벙그레졌다. B 소장은 '도시농업', 나는 '생활 원예' 강의를 하기로 했다.

서둘러 강의할 내용을 만들었다. 전반기는 원예의 어원과 정의, 생활 원예의 특징과 필요성, 토양 · 광 · 온도 · 수분 유지 등 재배환경 관리를 어떻게 해야 하는지. 종자 · 꺾꽂이 · 휘묻이 · 분주의 번식 방법이 있는데, 각각 장단점이 무엇인지. 꽃을 피우거나 건강한 생육을 하도록 하기 위해서는 물주기 · 비료 주기 · 병충해 진단과 방제. 그리고 실내식물 배치를 어떻게 할 것인가에 대해 이론적으로 알려 주는 것으로 전반기 강의를 구성하였다.

후반기에는 자연을 축소해서 연출하는 디시가든. 투명한 유리 용기 속에 식물을 심어 장식하는 테라리엄. 식물을 물에 담가 키우는 수경재배. 굴피나무 껍질에 식물을 부착시켜 키우는 걸이 화분 만들기. 죽은 나무 둥치에 풍란을 붙여 키우는 목부작 실습으로 작품 하나하나를 직접 만들어 보면서 일상의 스트레스를 날려 버리도록 하자. 조직 구성원에서 물러난 공허함을 호기심과 즐거움으로 메꾸며 위로받고, '나도 할 수 있구나.'는 성취감을 느끼도록 직접 해 보는 계획으로 짰다.

첫 강의 날. 봄바람을 가슴에 안고 문을 밀쳤다. 눈에 들어오는 수강생들의 모습이 나보다는 모두 나이가 들어 압도당하는 느낌이었다. 내가 지난해 연말에 퇴직했으니 가장 어린 것이 당연하고 모두가 형님, 누님뻘이다. 그때 여성 한 분이 멈칫거리며 내게로 다가왔다. 다소곳한 몸가짐으로 본인은 수강 신청을 했으나 신청자가 많아 추첨에서 떨어졌지만, 포기를 못 해 청강이라도 하고 싶어 왔다고 하였다. 잘하셨다며, 교육 담당하시는 분에게 말해줄 테니 걱정하지 말고 빈자리에 앉으라고 했다. 미모사를 건드렸을 때 잎을 오므리는 것처럼 몸을 움츠리고 내게 왔다가 흔쾌한 대답에 다시 잎 날개를 활짝 펴며 자리에 앉는다. 그 모습에 '강의 수강신청자가 많았구나.' 어깨가 조금은 으쓱해졌다.

강의를 시작하였다. 먼저 팔, 어깨, 목의 근육 풀기와 한바탕 웃음 치료를 하였다. 점심 후에 바로 강의여서 졸음을 쫓고 첫 만남의 어색함을 덜어내기 위한 나만의 방식이다.

바쁘고 각박한 현대생활 속에서 오로지 앞만 보고 달려온 퇴직자들이다. 이제 여유를 갖도록 하자. 식물은 사람에게 편안함을 주고 변화하며 희망을 준다. 가정에서 생명이 있는 식물을 어떻게 배치하고 적정하게 관리할 것인가를 알려주리라. 그래서 사람과 식물의 건강한 공존으로 힐링하는 다양한 원예 활동을 배우도록 할 것이다. 식물을 심고 가꾸다 보면 육체적인 건강에도 도움이 된다. 정신적으로도 활력을 불어넣어 노인성 우울감이 눈에 띄게 줄어지고 자존감이 높아짐을 보았다. 양로원에서 원예치료 봉사 활동을 십 년 이상 진행하며 원예치료프로그램을 시작하기 전과 프로그램이 끝난 날에 설문조사를 해 보았더니 그런 긍정적인 결과를 보았다. 프로그램에 참여한 어르신들의 대인관계도 많이 원만해졌음을 설문조사에서 보았다.

평생을 가정을 건사하고 국가를 위해 애쓰고 퇴직한 공직자들이 좀 더 활기차고 적극적인 삶으로 당당한 퇴직 후의 생활을 영위하도록 재능 기부 강의로 도와주고 싶다.

부푼 마음, 반가운 재회

열한 명이 말끔한 봉고차에 오순도순 몸을 싣는다. 신인상을 받는 사람은 가족이 동반해서 개인 출발이다. 전임 회장이 봉고차를 직접 운전해서 약간은 부담되지만, 서로의 체온에 가슴이 금방 데워져 이야기꽃이 벙그레 진다. 전주로 가는 차창 밖 굽어진 산등성이 아래에는 잔설이 물러나는 겨울 발목을 붙잡느라 차분히 누워 있다.

수필과비평작가회의 활동회원은 사백여 명이다. 이 중에 남성은 29%도 채 못 되는 데다가 행사 참석자 대부분이 여성 수필가다. 반대로 수필과비평작가회의 대구지부는 남성이 60%를 넘고 참석도 남성이 절대적이라 전국 행사에서 단연 눈길 세례를 받는다.

달리는 차 안에서 대구지부장이 장기자랑 준비를 해야 한다며 스마트폰에서 노래를 들려준다. 지난번 여름 행사 때는 가사도 모르는 노래를 부르자고 해서 각자에게 주어진 가사를 외우고 곡을 익히느라 차 안에서 휴게소에서 연습으로 돌처럼 굳어진 머리에 진땀을 냈다. 이번에는 '독도는 우리 땅' 노래를 수필과 관련지어 개서를 했다. 다행히 곡은 그대로 사용해서 가사만 익히면 끝이다. 무대에 오를 때에 쓸 소품도 태극기를 비롯하여 한 보따리 내 보였다. 그렇게 노래를 부르고 쌓인 이야기를 풀어 놓다 보니 까만 기와지붕의 전주 한옥마을이 보인다. 오후 2시 30분까지 등록이라 점심을 먹기 위해 한옥마을 골목으로 비집고 들어갔다. 차들이 꼬리 물기로 줄지어서 나 죽여라, 꼼짝을 않는다. 잘 달려왔는데 정차해 있자니 온몸이 뒤틀리고 뱃속도 꼬르륵 소리를 낸다. 참다못해 창문을 내리고 길 가는 사람에게 찾아가는 식당 이름을 대며 아직 멀었느냐고 하소연하자, 바로 저 앞쪽이니 조금만 참으라며 눈을 찡긋한다.

어렵게 한옥마을 식당에 왔으니 최고 비싼 전주비빔밥을 먹자는데 의견이 모였다. 일만 삼천 원이다. 누런 놋쇠 그릇 속에 고슬고슬한 밥, 참기름을 흠뻑 뒤집어쓴 나물 몇 가지, 그리고 살짝 익힌 달걀노른자가 중앙에 꽃으로 피어났다. 나물

각각의 맛을 보지도 않고 고추장 한 스푼을 떠 얹어 젓가락으로 훌훌 섞어서 허기진 배를 채운다. 꿀맛이다.

제20회 신곡 문학상 · 신인상 시상식 및 수필 문학 세미나 장소인 호텔은 식당에서 그리 멀지 않은 곳이다. 호텔에 도착하자 아직 삼십 분의 여유가 있었지만 벌써 먼저 온 작가들이 함박꽃같이 환하게 웃으며 따뜻한 손부터 내민다. 악수로는 성이 차지 않은 작가는 끌어안기까지 한다.

등록하고 배부되는 책을 챙기는데 지부장은 장기자랑 준비를 해야 한다며 속히 짐을 배정받은 방에 얼른 두고 내려오란다. 그런데 옆에 서 있는 행사 진행 임원이 오늘은 장기자랑 시간이 없다고 한다. 장기자랑은 여름 행사할 때만 하지 않느냐고 되물어 맥이 풀린다. 눈치 빠르게 차 한잔하라며 마음을 누친다. 곱게 차려입은 한복에 연꽃 같은 미소로 연잎 차와 다식을 대접하는 전북지부 회원들이 선녀 같다. 연잎 차를 마시고 다식과 잣을 종이컵에 담아 대강당으로 들어갔다.

행사가 시작된다. 환영사, 축사, 수상자 선정 경위, 신곡 문학상과 신인상 시상에 이어 신곡 문학상 대상을 받은 허상문 교수의 '문학 하는 삶의 아름다움'에 대한 특강은 글을 쓰는 작가들에게 자양분이 되는 강의다.

만찬 시간이다. 술잔 속으로 포장 옷을 하나하나 벗으며 나

신으로 되어간다. 친교의 시간은 너와 내가 껍질 없는 맨살소통으로 더없이 살가워진다. 공식 행사가 끝났지만 아쉬움으로 시도지부별로 정 나눔 자리가 이어진다. 갈 때마다 느끼지만 전주의 술값, 아니 안줏값은 정말 싸서 편한 마음으로 술잔을 들게 한다. 다음날 쾌청한 문학기행을 위해 아쉽지만 술자리를 털고 일어나 숙소로 향했다.

둘째 날, 익산으로 문학기행을 나섰다. 들뜬 마음을 가라앉힐 만큼 날씨가 차갑다. 출발하는 관광버스 안으로 몸을 던지듯 들어갔다. 익산으로 간다고 생각하니 불현듯 보고 싶은 얼굴이 떠올랐다. 지난날 화훼재배 기술 연수를 2년간 같은 연구실에서 함께한 사람이다. 목소리라도 듣고 싶은 마음에 전화를 걸었다. 익산에 와서 진 소장한테 신고하지 않으면 후환이 두려워서 하노라고 했다. 놀라면서 전화를 받더니 대뜸 미리 전화 좀 주시지 않았다고 책망이다. 지금 가족들과 청주에 나들이하고 있단다. 한 해에 두어 번은 전주에 오니 다음에는 시간을 맞추어 보겠다며 전화를 끊었다.

익산시 왕궁면 왕궁리 유적지에 도착하였다. 현재도 발굴 진행형으로 드넓은 유적지에 5층 석탑만이 지난날의 전부를 알고 있는 양 오랜 세월의 흔적을 켜켜이 간직한 채 외롭게 우뚝 서 있다. 백제계 석탑의 전통이 들어있는 5층 석탑은 안정감이 돋보이며 옛사람들의 숨결을 느끼게 한다.

유적 전시관에 들어갔다. 백제 와당의 연꽃무늬, 태극무늬 문양이 아름답다. 수부 명기와 기와의 표면에 도장을 찍어 놓은 인장 와도 많이 전시되어 있다. 백제 시대의 대형화장실 터, 궁전의 모습과 궁중 행사를 재현한 모형도도 깔끔하게 전시되어 있다. 또한 기암괴석과 장대석, 강자갈을 이용하여 물의 흐름을 조절한 백제 최고의 정원 유적지도 발견되었다고 한다.

다음은 우리나라 최고의 보석박물관에 들어갔다. 그 화려하고 찬란함에 여성 작가들은 전시물 앞마다 붙박이가 된다.

가장 오래된 미륵사지 석탑과 당간지주 등이 남아있는 미륵사지 터를 둘러보았다. 지금 한참 재현 공사를 하고 있다.

신라문화유적의 품속에만 있다가 백제문화유적에 푹 젖은 나들이를 아쉬움으로 접고 부챗살같이 전국에서 달려온 수선화 같은 작가들과 다음 하계 행사 개최 예정인 합천에서 만날 것을 기약하며 대구로 향했다.

새벽 운동

자연이 좋아서 이사했다. 계절 따라 변화하는 식물들은 생활에 활력을 준다. 만물이 다 가라앉아 있는 이른 새벽에 집을 나선다. 어둠이 행동을 편하게 한다. 수목원 숲길로 들어서면 풋풋한 내음이 온몸을 휘감는다.

오래전부터 새벽 3시면 잠을 깬다. 4시간 수면을 한 지가 꽤 되었다. 아마도 중학교 시절 "4당5락四當五落" 때문이리라. '고교입시에 4시간 자면 합격을 하고, 5시간 자면 떨어진다.'는 슬로건이 차츰 내 생활 속에 자리 잡았나 보다. 일어나면 책상에 앉아 신간 수필집을 읽거나 작품 손질을 하다가 4시가 되면 운동복 차림으로 아파트를 나선다.

수목원 초입부터 왼쪽 숲속으로 묶음이 길이 만들어져 있다. 곤히 잠들어 있는 식물들이 잠을 깰까 봐 자박자박 발소리를 죽이며 걷는다. 뱀이나 지렁이를 밟을까 가끔은 손전등을 켜 보기도 한다. 1㎞ 남짓 나무 숲속으로 그렇게 미로처럼 연결되어 있다. 등줄기에 땀이 배어 날 즈음이면 두런두런 귀에 익은 대화가 들린다. 일찍 새벽길을 나선 어르신들이 벤치에서 하루를 열고 있다. 거기서 200m쯤 더 가면 연못과 정각이 있는 전통 한국정원이 있다. 그 둘레를 몇 바퀴 인사를 하듯 빠르게 걷고는 수목원 가장 끝에 있는 후문으로 빠져나온다.

물체의 분간도 어려운데 노부부가 밭에서 채소를 뽑아 운동 나온 사람들에게 팔기 위해 부지런히 손놀림한다. 천수 봉 오르는 길로 들어선다. 캄캄한 어둠으로 빽빽한 수목들이 그저 검은 물체로 열병식을 하는 듯 압도한다. 자연 속에 드니 사람도 마음도 작아지고 약해진다. 헛기침하며 내가 왔음을 알린다. 희미하게 길이 보여 그냥 짐작으로 산등성이를 오른다. 숨이 턱에 찰 즈음 고갯마루에 올라선다. 안개가 수묵화의 농담으로 부드럽게 흐른다. 가슴을 펴고 복식호흡으로 장을 자극한 다음 인홍리 마을로 가는 내리막길로 접어든다.

새벽 시간이라 별로 사람이 없다. 무서움이 든다. 멧돼지도 가끔 출현한다는 이야기를 들어 온몸에 소름이 돋고 머리가 뻣뻣해진다. 길섶 숲에서 금방이라도 짐승이 뛰쳐나올 것 같은 환상에 걸음이 자꾸만 빨라지다가 숫제 뛰다시피 내려온다. 마을 첫 집이 보이자 안도하며 이마에 땀이 송골송골 맺힘을 느낀다.

인흥마을 중심에 설치된 운동시설에서 허리 운동, 양다리 운동, 뱃살 운동, 노 젓기 운동, 하체 근육 운동 등을 기구를 이용하여 몸 풀기와 스트레칭을 한다.

남평문씨 본리세거지가 있는 연못에 도착한다. 무덕무덕 심긴 연꽃이 경쟁적으로 피기 시작하였다. 수줍음 많은 시골 처녀처럼 연분홍 꽃이 벙글고 있다. 곁에서 희디흰 연꽃도 봐달라고 조르는 듯 바람결에 간들거린다.

연못 한 바퀴가 300여 걸음이나 된다. 열 바퀴를 돌고 본 리 3교 밑 운동시설이 있는 곳으로 향해 들녘을 가로질러 걷는다. 길섶에는 벼가 한참 보기 좋게 자랄 즈음 산에서 멧돼지가 내려왔나 보다. 멧돼지가 볏논을 가로질러 옥수수밭을 쑥대밭으로 만들어 놓고 달아난 흔적이 뚜렷하다. 몸뚱이가 제법 큰놈으로 짐작이 간다. 오래도록 기억할 만큼 흔적이 없어지지를 않는다. 이제 벼가 누렇게 익어 구수한 냄새에 불쑥 고향 풍광이 아련히 떠오른다.

길섶 풀꽃들이 무시로 말을 걸어오니 빨리 걷지를 못한다. 논둑 가장자리에 나팔꽃이 근연교배近緣交配로 갖가지 색으로 피어 마치 형제자매처럼 방실방실 정답다.

올망졸망 단락 지어진 텃밭에 쑥갓, 부추, 시금치, 열무 같은 채소들을 화초처럼 가꾼다. 무, 배추, 상추가 키 재기를 하고, 호박과 고구마는 자기들끼리 의좋게 어깨동무를 하며 자란다. 가지, 고추, 방울토마토는 자식들 키우느라 바쁘다. 좀 너른 텃밭에는 메주콩, 땅콩, 참깨, 들깨가 주인 행세를 한다.

텃밭 관찰에 빠져 발소리를 죽였는데도 인근 농장 안에 있는 수탉은 큰 울음으로 대응한다. 새벽 방문이 못마땅한 양 들고양이도 가는 길 앞을 싹둑 잘라 밭 덤불로 급히 몸을 숨긴다. 내가 지나가기를 눈을 동그랗게 뜨고 귀를 쫑긋 세우며 경계한다.

본 리 3교 밑에 도착하여 인홍리 마을에는 없었던 어깨운동, 몸 균형 잡기 운동기구로 온몸이 후끈 땀이 배어나도록 돌리고 좌우로 흔든다. 맨손체조와 숨 고르기로 마무리하고 벤치에 앉는다.

늘 새벽 운동 시간에 만나는 사람들과 고만고만한 생활 이야기, 손주 재롱떠는 이야기로 시들지 않은 웃음이 활짝 핀다. 마지막 주제는 늘 그랬듯이 맛 집 이야기로 한껏 입맛을 돋우고, 동살 무렵에 집으로 향한다. 오늘도 1만 2천 보, 8㎞를 걸었다. 집에 돌아와 시원하게 씻고 나면 아침 밥맛이 꿀맛이다.

수목원 근처로 이사를 하고 몇 달이 지났다. 구안와사 치료로 인연이 되어 주치의가 된 한의원장이 진맥하다가 내 얼굴을 바라본다. 이사 간다더니 어디로 이사했느냐고 묻는다. 수목원 옆으로 이사를 하고 매일 수목원과 인근 산과 들로 두 시간가량 새벽 운동을 즐긴다고 했다. 대답을 듣자마자 자기도 그쪽으로 이사를 해야겠단다. 최근에 내 기가 많이 살아났단다. 숲에서 뿜어져 나오는 여러 방향성 물질이 내 몸을 활성화시켰나 보다. 그러고 보니 약간 시큰거리던 오른쪽 무릎도 아무렇지 않다. 무릎이 아픈 듯해서 병원에 갔더니 무릎 주변 근육 강화를 위해 평지 걷기를 꾸준히 하라는 처방을 받았었다.

마음이 뜨거우면 몸이 녹슬지 않는다. 푼푼한 마음으로 운동 나갈 내일 새벽이 또 기다려진다.

퇴직하면 뭐 하지

수명이 길지 않을 때는 퇴직 후 생활에 크게 비중을 두지 않았다. 평균 수명이 여든이 넘어선 지금은 상황이 다르다. '퇴직 후에 이삼십 년을 어떻게 소일하며 지낼 것인가? 다소의 경제활동은 할 수 있을까?' 인생 2막에 대한 두려움이 크다.

공직에서 퇴직하여 사 년째로 접어들었다. 네 시간 수면이 습관이 되어 새벽 3시면 어김없이 잠이 깬다. 일어나서 책을 보거나 청탁받은 원고를 쓰다가 어둑새벽 시간에 집을 나선다. 내가 사는 근처 수목원에서 무거운 잠을 툭툭 깨우며 일만 보 걷기로 본격적인 일과의 시작이다.

월요일, 학부 학생 관광 원예학 강의에 이어 올해는 대학원 '화훼원예 특론' 강의다. 원예치료를 전공하는 박사과정 수업으로 파워포인트로 주로 강의하지만, 대학원생은 논문 쓰기가 더욱더 관심사라 격이 없이 대화를 나누다 보면 금방 세 시간이 지나간다.

화요일은 현직에 있을 때부터 시작한 사할린에서 영주 귀국하여 생활하고 있는 양로원 어르신들에게 원예치료 봉사를 하고 있다. 대부분 팔구십의 연세라 강의실에 들어가면 아들을 만난 양 반갑게 손을 잡고 끌어안으며 가슴으로 따뜻한 정을 나누려고 한다.

수요일 오전은 주민자치센터 교육관에서 일어 공부를 하는데 알아가는 재미가 쏠쏠하다. 오후에는 공무원연금공단으로 이동한다. 나와 같은 퇴직공무원을 대상으로 상록아카데미 과정 중에 '생활 원예와 원예치료' 이론과 실습 재능기부 강의를 한다. 본 강의를 시작하기 전에 관심이 큰 건강관리나 노인이 아닌 어르신으로 존경받는 방법에 대한 보조교재를 두 쪽씩 늘 준비하여 돌아가며 읽게 한다. 그렇게 관심 있는 내용으로 마음의 문을 열어 놓고 강의를 시작한다. 희열을 느낄 만큼 눈길 쏠림을 받으며 두 시간 동안 알고 있는 지식을 웃음과 함께 쏟아붓게 된다. 강의를 끝내고 그 자리에 앉아서 뒤에 있는 경북지역의 문화재 해설 강좌를 두 시간을 들으면 바쁜 수요일 일과가 끝이 난다.

목요일 오전에는 문화복지회관에서 파워포인트 만드는 법을 배운다. 요즘은 대부분 파워포인트로 강의하고 있어서 강의가 많은 나로서는 더욱더 입체적으로 잘 만들어서 교육 효과를 높이고자 비싼 수강료를 주고 배우고 있다. 오후에는 상록아카데미에서 스마트폰 사용 강의를 듣는다. 무궁무진한 기능이 있어도 이용하는 것은 고작 전화를 걸고 받고 문자 보내는 정도이기에 과감히 시간 투자한다. 저녁에는 시와 수필을 쓰는 사람으로 소속 문학회에서 개최하는 작품토론회에 참석하여 문향에 젖으며 목요일을 마감한다.

금요일은 화훼전공 교수들과 화훼단지 컨설팅에 참여하는 날이다. 공직생활을 하면서 대학과 대학원에서 원예학을 전공하고 박사학위를 받은 노력 덕분에 대학 강의도 하지만 화훼 산학연협력단 기술전문위원으로 위촉이 되어 화훼농가에 현장에서 문제 해결의 답을 주는 일을 한다. 하우스 속이 후끈해서 금방 온몸이 땀으로 젖지만, 농가들이 집중하고 고개 끄덕임에 큰 보람으로 퇴직 후 일과 중에 가장 기다려지는 날이기도 하다.

토요일과 일요일은 될 수 있는 대로 심신을 다스리는 날이다. 셋째 토요일은 수필작가들과 문화유적지나 싱그러운 자연의 품속으로 기행을 하고, 일요일은 고교 친구 여섯 부부가 40년째 등산으로 친목을 다진다.

이 외에도 요청 강의가 많다. 대학 평생교육원 원예복지사 양성 과정 강의와 환경연수원 생활 원예 지정 강사로 순회 교육을 한다. 농업기술센터의 마스터 가드너 반 강의와 농민사관학교 수출 화훼 강의도 한다.

(사)한국 원예치료복지협회 대구지부를 창립시키고 지부장을 맡아서 농림축산식품부의 학교 부적응 학생을 대상으로 하는 원예치료프로그램 과제로 응모, 채택되어 4년째 추진하고 있다.

자원봉사센터와 MOU 체결로 독거노인들에게 말벗이 되고 우울증을 줄이는 원예치료프로그램을 진행하여 노인들의 환하게 웃는 모습에서 행복을 느낀다.

그 외 상록자원봉사단원으로 국제마라톤대회 교통통제와 교통사고 줄이기 캠페인 봉사와 지역 큰 행사장에 쓰레기 수거에도 종종 참여한다.

앙드레 지드는 '늙기는 쉽지만, 아름답게 늙기는 어렵다'고 했다. 늙음을 긍정적으로 수용하며 규칙적인 운동으로 건강한 몸을 유지해야 한다. 퇴직을 앞두고 제2인생은 봉사하는 삶을 살겠노라 다짐했었다.

퇴직 후는 내가 선택하는 삶으로 항상 공부하며 새로운 것에 도전해 보면서 실천하고 있다. 그래, 배려와 봉사로 품위 있는 아름다운 노인이 되리라.

아름다운 노년

바야흐로 백세시대다.

인간이 늙는다는 것은 보편적인 자연현상이지만 아름답게 늙는다는 건 선택적이다. 누구나 '노후를 어떻게 보내야 아름답고 지혜로우며 후회 없는 삶이 될까.' 고민한다.

나 역시도 퇴직하고 나니 노인이라는 단어가 낯설지 않고 앞으로 이삼십 년을 어떻게 지낼 것인가가 관심사였다. 그러다 보니 책을 읽거나 인터넷에 노인에 관한 글이 있으면 눈을 번쩍 뜨고 읽고 또 읽으며 생각이 많아지게 되었다.

『아름다운 노인 십계명十誡命』이란 글을 보았다.

'나이를 내세워 남을 불편하게 하지 않는 노인, 냄새가 나지 않고 깔끔한 노인, 늘 웃는 낯으로 칭찬을 잘해 주는 노인, 모든 일에 긍정적이고 지혜를 보태주는 노인, 종교를 인정하며 남에게 사랑을 베푸는 노인, 취미생활을 즐기며 멋과 예술을 사랑하는 노인, 운동 시간을 가지고 있는 노인, 음식을 가리지 않고 고맙게 먹는 노인, 세상 소식에 밝고 컴맹이 아닌 노인, 돈에 집착하지 않으며 검소한 노인'이 되라고 하였다.

관심을 가지고 노력하면 다 할 수 있는 일이다.

내 생활을 되짚어보면 매일 두 시간 이상 운동을 하고 두 번은 씻는다. 강의하거나 많은 사람을 만나면서 항상 밝은 얼굴로 눈을 맞추며, 긍정적인 대화로 돈 들지 않는 칭찬을 후하게 한다. 한 주에 삼일은 양로원의 원예치료 봉사, 공무원연금공단의 생활 원에 재능기부 강의와 화훼 농가를 찾아 꽃 재배 컨설팅을 해 준다.

글을 쓰는 사람으로 문학 작품 토론회나 세미나 등에 부지런히 움직이며 참석한다. 나를 찾기 위해 배우고, 사람 사귐이 좋아 퇴직 후에 일본어 · 서예 · 문화해설 · 작명학 · 건강경락 마사지 · 노인 상담 및 치매 예방 · 스포츠댄스 · 가곡합창단 · 파워포인트 · 스마트폰 활용법 강좌를 수강했거나 지금도 즐겁게 공부하고 있다.

노년은 마지막 성취와 결실을 향한 일정이 되어야 한다. 나이가 들었다고 포기하지 말고 목표와 꿈을 가지고 배우는 동안은 절대 늙지 않는다.

나이가 들면서 지켜야 할 지혜도 많다.

하루에 하나씩 즐거운 일을 만들며, 누워있지 말고 끊임없이 움직이자. 마음에 들지 않아도 웃으며 받아들이고, 자식에게 이래라저래라 하지 말자. 젊은이들과 어울리고, 한번 한 소리는 두 번 이상 하지 말자. 모여서 남을 흉보지 말고, 지혜롭게 처신하며, 성질을 느긋하게 가지자. 좋은 책을 많이 읽자. 돈이 재산이 아니라 사람이 재산이다. 주는 데 인색하지 말며, 대우받으려고 하지 말고, 먼저 모범을 보이자. 걱정은 단명의 주범이니 하루에 10분씩 웃자. 남의 잘못을 보며 빈정대지 말고 잘하는 점만을 보자. 세상을 비관적으로 보지 말고, 좋건 나쁘건 지난날은 잊고 고마웠던 기억만을 간직하자. 즐거운 마음으로 잠을 자고, 지혜로운 사람과 어울리자. 내가 가지고 떠날 것은 아무것도 없으니 남기고 갈 것이 있는가를 살펴보아야 한다.

'노인은 입은 닫고 지갑은 열라.'는 말처럼 비우는 삶, 베푸는 생활로 자신의 인생과 기품에 따라 자신만의 향기를 소중하게 생각하고 가꾸어 갈 때다. 주름살이 깊어진 만큼 당신의 가슴속도 깊어지고 피부가 거칠어지는 대신 당신의 사랑은 더 부드럽고 향기는 더욱더 짙어져 가야 한다.

노년에 가장 소중한 사람은 자식보다도 친구보다도 지금 곁에 있는 아내나 남편이다. 그 소중한 사람과 남은 인생을 살가운 마음으로 진정 사랑하며 살아야 한다.

노년은 잴 수 없는 시계 너머의 시간이다. 혼자되기와 혼자 있기를 연습하고 적응해야 한다. 혼자서도 가장 순수한 고독을 즐길 줄 알아야 한다. 어쩌다 혼자가 된다고 해도 고독과 싸우지 말고 고독과 어깨동무하고 즐기며 사는 지혜를 가져야 한다.

저녁놀이 아름다운 것은 곧 사라지기 때문일 것이다. 우리들의 저녁 하늘도 마땅히 아름다워야 하지 않는가. 붉은 저녁노을이 아름다운 것처럼 글을 쓰며 품위 있게 늙어가는 것도 결국 아름다운 노년이 아닐까요.

인생 2막

양로원에 가는 날은 왠지 마음이 설렌다. 2004년부터 매월 두 번씩 어르신들에게 원예치료 봉사를 시작하여 올해로 십육 년째다.

현직에 있을 땐 주말마다 갔는데, 퇴직 후에는 둘째, 넷째 주 화요일에 방문한다. 강당에 들어서면 “꽃 선생님 오셨어요!” 모두 손뼉을 치며 박꽃 같은 웃음으로 반긴다.

스무 분 중에 아흔을 넘기신 분이 여섯 분으로 모두 내 부모 같다. 일일이 손을 잡아주고 굽은 등을 안으며 마음을 녹인다. 가져간 꽃 재료를 펼쳐 놓으면 우르르 모여들어 예쁘다고 탄성이 여기저기서 쏟아진다. 늘 반복되는 양로원 일상이 무료했던가 보다.

몇 년 전, 꽁꽁 언 새벽에 운동을 다녀와서 구안와사(일명, 와사 풍)가 왔었다. 말을 제대로 할 수 없을 정도로 얼굴이 확, 돌아가 버렸다. 말을 하려면 한 손으로 볼을 밀어 얼굴 대칭이 되도록 해서 말을 이어갔지만 기다리는 어르신들 때문에 원예치료 봉사는 쉴 수가 없었다. 지난해까지 쉼 없이 매년 이십 회 정도를 했으니 삼백여 회를 넘게 한 셈이다.

인생 2막은 봉사하는 삶을 살겠노라 다짐했었다. 그 실천으로 한 주에 화요일은 양로원 봉사에 이어 수요일은 공무원연금공단 상록아카데미에 '생활 원예와 원예치료' 재능 기부 강의를 오 년째 하고 있다. 나와 같은 퇴직공무원을 대상으로 강의한다. 상반기에는 '사람과 식물의 건강한 공존'이라는 주제로 강의하고, 하반기에는 '원예치료프로그램'으로 구성하여 진행한다.

상반기 강의를 시작했다. 생활 원예의 필요성, 가정에서 원예식물의 번식과 관리에 대한 내용을 실타래처럼 술술 풀어놓았다. 얌전히 앉아 있던 한 분이 "잎끝이 자꾸만 타들어 가는데 왜, 그렇습니까?" 불쑥 질문한다. 즉답하지 않고 "물을 많이 줘서일까요, 적게 줘서일까요?" 오히려 질문을 던졌다. 적게 줘서 그렇다는 소리가 지배적이다. "반대입니다. 많이 줘서 뿌리가 질식해 죽어서 그렇습니다." 식물이 주인을 원망하는 표현이라고 했더니 한바탕 웃음보가 터진다. 여기저기서 그동안 식물에 대해 너무 몰랐다며 뒷머리 긁적이며 머쓱해 한다.

하반기에는 꽃을 활용하는 원예치료 프로그램으로 꽃을 화분에 연출하는 실습을 했다. 사후 설문조사를 했더니 예쁜 꽃과 함께하다 보니 퇴직 후에 사회 구성원에서 밀려난 소외감을 위로받았다고 한다. 우울감도 해소되고 정서적 안정감을 찾는 데 도움이 되었다고 나타났다.

설문 결과에 힘을 얻어 원예치료 봉사자를 모집하였다. 수료생 스무 분으로 원예치료 자원봉사단을 구성하였다. 노인복지센터 주간 보호 치매 어르신 삼십 명을 대상으로 지난해 삼월부터 매월 2회씩 원예치료 무료 봉사를 지금까지 하고 있다.

금요일은 대학에서 주관하는 화훼 산학연협력단 기술전문위원으로 화훼재배 농가 포장에서 컨설팅한다. 공직생활을 하며 원예학을 전공, 석 · 박사학위를 받은 것이 퇴직 후에 화훼 교수들과 함께 농가에 도움을 줄 기회가 생긴 것이다.

하우스 안에서 한참 컨설팅하다 보면 온몸이 땀으로 젖지만, 농가들이 집중하고 반기니 더위도 잊게 된다. 언제 준비했는지, 농장주 부인이 성글 성글 얼음 넣은 냉커피를 한 잔씩 내민다. 단숨에 마셔 버리자, 뱃속이 얼얼해지며 땀 맺힌 얼굴

위로 찔레꽃 같은 하얀 미소가 번진다. 화훼농가 컨설팅은 현직에 있을 때 업무와도 같아서 퇴직 후에 가장 큰 보람을 느끼며 기다려지는 날이기도 하다.

마음만 가지면 봉사할 곳은 많다.

초 · 중등학교 학교생활 부적응 학생이나 지체 장애 학생들의 고운 심성 기르기와 재활적인 원예 활동 봉사. 경로당 어르신들의 식물 심기로 무료함을 달래주기 등 아직도 뭔가 할 수 있다는 자존감을 높이기 위한 원예치료 재능 기부도 이백여 회 발품을 판 것 같다.

주위의 권유로 공무원연금공단 주관 퇴직공무원 자원봉사 활동 우수사례에 급하게 응모하였다. 뜻밖에 우수상을 받아 봉사의 불심지에 더욱 기름이 부어졌다.

양로원에서 원예치료프로그램을 마치고 한 분 한 분 손을 잡아주고 등을 쓸어드린다. 아흔이 넘으신 한 할머니가 제 손등에 입맞춤하며 "정말 고맙습니다." 할 때는 눈시울이 적셔지며 베푼 삶을 사신 어머니 생각이 나서 울컥했다.

양로원 어르신들이 나를 반갑게 맞아주는 그날까지 듬쑥한 노인으로 인생 2막을 봉사로 동살처럼 비추며 살고 싶다.

안녕하세요

"안녕하세요!"

새벽 운동 길에 만나는 사람들에게 인사를 한다. 내가 먼저 인사를 하면 '네, 안녕하세요, 일찍 나오셨네요, 반갑습니다.' 이런 답이 돌아온다. 아파트에서도 마찬가지다. 엘리베이터에서 먼저 인사를 하면 무언가 베푼 것 같아 기분이 좋다.

언제부턴가 생활 반경에서 만나는 사람들에게 인사하기 시작했다. 이사를 하고 엘리베이터를 타면서 어른, 아이를 가리지 않고 습관적으로 "안녕하세요?" 인사를 던진다. 곧바로 "안녕하세요?" 마치 탁구공처럼 답이 돌아온다. 몇 년을 살면서 인사를 거르지 않다 보니 이제 학생들은 먼저 인사를 한다. 하지만 아직도 어른들 대부분은 내가 먼저 인사를 하는 편이다.

바쁜 삶에 쫓기고 마음의 여유를 갖지 못하는 각박한 세상인심이 안타까울 뿐이다.

이른 새벽 시간, 매일 대구수목원 데크 길을 걷는다. 나보다 더 일찍 나선 사람이 저만큼에서 다가오기도 한다. 젊은 여성도 있다. 어둠 속에 사람을 만나면 더 열심히 인사하는 편이다. 긴장하지 말고 편한 마음으로 지나가라고 "안녕하세요!"라고 내가 있음을 알린다. 어김없이 답례가 돌아오고, 편한 마음이 느껴진다.

주변 사물을 분간하기 어려운 시간인데도 어깨를 나란히 걷는 노부부도 있다. 친구처럼 두 분이 어둠 속에서 다붓하다. 매일 만나는 세 분의 할머니도 있다. 그분들은 말로 요리를 다 만들며 걷는다. "안녕하세요! 오늘 메뉴는 뭐지요?" 그러면 웃음보가 터진다.

하루는 매일 만나는 분이 수목원 저편에 맨발로 걷는 길이 만들어졌다고 했다. 다음날 매일 걷던 데크 길을 첫사랑 배신하듯 버리고 맨발로 걷는 길로 갔다. 칠엽수(마로니에), 느티나무 숲속 터널에 맨발로 걷도록 만들어진 길이가 430m이다. 발은 신체의 2%를 차지하지만 98%의 신체를 지탱한다. 심장에서 내려온 혈액을 다시 올려보내는 역할을 발이 하지 않는가. 민틋한 황톳길을 한참 지나자 말캉말캉한 황톳길이라 발

감촉이 좋아 얼마든지 오래 걸을 수 있을 것 같다.

반대편 길에는 우여곡절을 겪는 우리네 삶처럼 잔자갈, 중간 자갈, 큰 자갈 그리고 모래로 구분 지어 만들어져 있었다. 자갈길을 밟을 때는 발바닥이 얼얼하지만 내 몸 오장육부를 자극한다는 뿌듯함이 있다. 포삭 포삭한 모랫길은 자갈길에서의 발바닥 통증을 다독여준다.

발바닥 자극에 빠져 한참을 걷는데 저편에서 터덜터덜 한 사람이 다가왔다. 반가움에 "안녕하세요!" 인사를 했다. 그런데 그냥 앞만 보고 갔다. 목소리가 작았나 싶어 그다음 날은 더 큰 소리로 인사를 했다. 역시 무시하듯 터덜터덜 지나쳐 가버렸다. 귀가 어두우신가, 허우룩했다.

맨발로 걷게 되면서 인사를 나누게 된 할머니 두 분이 있다. 그 두 분도 나와 같이 새벽 세 시 반이면 수목원에 도착해서 함께 걷는다. 인사를 해도 대답 없이 가버리는 사람이 있어 머쓱했다고 했더니 그분은 말을 하지 못한다고 했다. 그분에게는 손을 흔들어 주는 것이 인사라고 했다. 다음날 그분이 다가오길래 손을 흔들며 "안녕하세요?" 하자, 고개를 숙이며 정말 손을 흔들어 답했다.

며칠 전, 여느 날처럼 할머니 두 분과 걸으며 고향 다녀온 이야기를 하였다. 한 할머니가 고향이 어디냐고 물었다. 고령이라고 했더니 자기 남편도 고령에서 농기구 대리점을 했다고 했다. 깜짝 놀랐다. 현직에 있을 때 업무적 관련이 있는 업종이었으며, 겸임 교수로 대학 강의를 할 때 뜻밖에 늦깎이로 내 강의를 한 학기 들었기에 잘 아는 분이었다. 지금은 고관절과 무릎이 좋지 않다고 했다. 허리가 탈이 난 내 처지와 같았다. 안부를 전해달라고 했다.

다음 날 새벽 박 사장이 어둠 속에서 나타났다. 얼마 전에 수술해서 낮에만 가볍게 운동하는데 아내에게서 나와 만난 이야기를 듣고 반가움에 나왔다고 아프도록 손을 잡았다. "안녕하세요."라는 인사가 20여 년 만에 궁금했던 분을 만나게 하였던 것이다.

인사는 보상받고자 하지 않는다. 그래도 주고받는 인사가 밝은 사회에로 한 발짝 다가가게 하지 않을까.' 특히 아침에 하는 인사는 하루를 즐겁게 시작할 수 있게 할 것이다. '시작이 좋으면 끝도 좋다.'는 속담도 있지 않은가. "안녕하세요." 담백한 아침 인사 한마디로 서로의 마음을 열어 밝은 세상이 되기를 기대해 본다.

고목 등걸 같은 친구故友

친구의 전화를 받았다. 오랜만이라 통화가 길어졌다. 표정은 상기되고 목소리는 점점 높아졌다. 세월을 거슬러 냇가에서 물장구치는 소년의 감성이 소환되었다.

코로나19 바이러스로 지난해 황매산 억새를 본 뒤 친구들을 만나지 못했다. 백신 1, 2차를 모두 다 맞았고, 감염자도 줄고 있다고 하니 얼굴이라도 좀 보는 게 어떻겠냐고 도슬러서 그룹채팅 방에 올렸다. 금방 카톡- 소리가 울산, 영천, 고령, 대구에서 메아리쳤다. 영천에서 과수 농장 하는 친구가 영천댐 둘레길을 걷자고 우겼다.

혈기 탱천한 이십 대 때에 고교 친구 여섯 명이 산행 모임을 시작했다. 매월 셋째 주 일요일이면 어김없이 산을 찾는다.

모임 명칭은 '큰 희망을 품고 살자.'는 뜻으로 "대망회大望會"로 정했다. 강산이 여러 번 바뀌어 고희古稀가 코앞인 지금은 부부가 함께하고 있다.

주차장에서 만난 친구들은 마음이 설레어 건밤으로 지냈다고 합창했다. 새벽에 일어나 고구마를 삶고, 커피를 내려 따뜻한 정 보따리를 보온병에 담아왔다고 했다. 취향을 생각해 꽃차도 준비해 왔다며 펼쳐 놓는 손이 곱다. 녹차를 끓여온 친구와 유정란을 삶아온 친구도 슬며시 보자기를 풀어놓았다. 걷기도 전에 주차장 잔디밭에서 다붓하게 앉아 배부터 채웠다.

우리들의 우정만큼이나 깊고 푸른 물결을 이룬 영천댐으로 향했다. 데크로 만들어진 둘레길을 볼맞게 짝을 지어 걸었다. 연신 눈을 맞추며 일 년 동안 갇힌 이야기를 풀어내느라 댐의 푸른 물도 주변의 울긋불긋 단풍도 시선을 끌지 못했다.

점심은 오랜만에 만났다고 격이 있는 곳으로 정했다. 부부가 한 테이블에 앉았다. 고기쌈을 싸서 부부끼리 겨끔내기로 입에 넣어 주었다. 나이 드니 서로 챙김이 새록새록 했다.

찻집으로 자리를 옮기자, 그동안 집집이 있었던 이야기를 풀어 놓았다. 여섯 친구 중 아직 자녀 결혼을 시키지 못한 친구가 가장 먼저 손을 번쩍 들며 드디어 노처녀 딸이 시집간다는 말에 박수가 쏟아졌다. 나도 질세라 그새 작은아들네는 둘째 손자가 태어나 백일이 지났으며, 큰아들네는 둘째를 가졌다고 했다. 그 둘째가 쌍둥이라고 말하자, 도타운 정만큼 큰 박수와 함께 축하한다는 소리가 어찌나 컸던지 근처의 손님에게 미안했다.

찻집에서 헤어지려는데 과수원 하는 친구가 기어코 자기 집으로 가자고 했다. 과수원을 한 바퀴 돌고 오자, 친구가 저장해 둔 자두를 두 상자씩 덜퍽지게 담아 주었다. 친구가 굳이 영천댐 둘레길을 걷자고 우겼는지를 알 것 같았다.

고맙고 미안하여 가만히 있을 수 없었다. 저온 창고에 저장 중인 맛있는 '샤인머스캣' 포도 한 상자씩 사 먹는 게 어떠냐고 했더니 모두 좋다고들 했다.

나이가 들면서 두려운 것은 외로움과 소외감이라는 생각이 든다. '살면서 누릴 수 있는 복 중에서 으뜸이 만남의 복'이라는 걸 석양 무렵의 나이가 되어서야 가슴으로 알았다. 아내와의 만남 다음으로 친구 간의 만남이 소중하리라. 부부는 평생을 함께하는 동반자이고, 친구는 인생의 동반자가 아닌가.

인생의 사계四季 중 푸른 여름은 이제 다 지나고 어느새 만추에 주름진 노인이 되었다. 낙엽될 날이 그리 멀지 않다는 생각에 하루하루 세월에 조바심이 나며 불쑥불쑥 친구가 고향처럼 그립다.

돌아온 다음 날, 주위 분들과 나누려고 자두와 샤인 머스캣을 꺼내 놓았다. 과일이 담긴 상자에 친구의 정이 가득했다. 나도 친구들에게 무언가 주어야겠다는 생각에 겨울꽃 '칼란코에'를 예쁜 화분에 옮겼다.

어, 내가 쓴 글인데

매년 봄이면 대구수필가협회에서 문학기행을 떠난다. 내가 협회장을 맡은 2019년에 경북 봉화와 강원도 태백 일원으로 문학기행을 다녀왔다. 하지만 그다음 해부터 코로나바이러스가 기행 길을 막아 못 갔으니 3년 만에 가는 문학기행이다.

이번 문학기행은 제천과 단양 일원으로 떠났다. 관광버스 안에서 특강이 있었다. 오늘 가는 충주호 호수 이름에 대한 지역별 입장, 청풍 문화재 단지, 청풍호 유람선, 제천 옥순봉 출렁다리에 대해 미리 알려주어 고마웠다. 이어서 "여행의 묘미, 단양의 속살을 살핀다", "좋은 수필 쓰기" 등 모두 도움이 되는 강의였다. 특강이 끝나자 앞에서부터 차례로 자기 소개와 인사를 하며 친교의 시간을 가졌다.

정겨운 인사로 한결 밝아진 분위기에 편승하며 진행을 맡은 부회장이 마이크를 잡았다. 오랜만에 가는 문학기행이라 다양한 프로그램을 준비했다며 뜬금없이 과거시험을 볼 때 펼치는 두루마리 하나를 펼쳤다. “시제 : 충 · 주 · 호”였다. 삼행시를 문학기행 중에 완성하여 내라고 했다. 무기명으로 제출하고, 심사한 다음 장원과 차상을 뽑는다고 했다. 결과 발표는 무기명으로 했기에 당선작 내용을 읽어서 누가 쓴 글인지, 확인한다고 설명을 덧붙였다. 모처럼의 문학기행인데 차창을 스치는 풍광을 보며 사색하고 옆 사람과 담소하도록 편하게 두면 좋으련만 싶었다. 어쩔 수 없이 이동하는 차 안에서 삼행시를 써야 했다. 숙제를 받은 학생처럼 얼른 하고 말아야지, 하며 생각에 잠겼다.

충주호를 생각하자 지난날로 뒷걸음질 쳤다. 합천댐이 만들어지며 많은 수몰민이 생겼다. 내 고향 고령이 합천댐 인근이라 수몰민이 이사 와서 함께 근무했던 직원이 있었다. 술자리에서 반 술이 되면 넋두리했다. 낯선 곳이라 마을 사람들과 친해지는 일부터 쉽지 않았고, 농지가 없어서 조그만 구멍가게로 생계를 이어간다고. 마음을 다잡고 마을에 큰일이 있으면 만사 제쳐놓고 몸 사리지 않고 도왔으며, 자율방범대원으로 봉사도 열심히 했다고 말했다. 이런 듬쑥하고 성실함을 인정되어 군청 운전기사로 채용이 되었다. 충주호를 생각하자 그 직원이 번쩍 떠올랐다.

우리나라는 세계에서 물 부족 국가로 분류되어 있다. 그러기에 장마기에 한꺼번에 쏟아지는 물을 가두어서 연중 나누어서 써야 한다. 정부에서는 그동안 물을 가두는 댐을 곳곳에 설치하였다. 충주호도 그런 목적으로 만들어졌다.

댐이 만들어지며 여러 마을이 물속에 잠겼다. 도리 없이 대대로 살던 정든 집을 손때묻은 가재도구만 대충 챙겨서 훌훌 떠나야 했던 수몰민들의 모습들이 아린 마음 되어 파노라마로 전해졌다. 그걸 퇴고하고 숙성시킬 겨를도 없이 그냥 겉꾸림으로 삼행시로 써서 내었다. 내가 제일 먼저 숙제하고 편한 마음으로 문학기행을 즐겼다.

제천시의 청풍 문화재 단지를 탐방하고, 옥순봉 출렁다리에서 흔들림의 짜릿함을 맛보았다. 단양의 충주호에서는 유람선을 탔다. 유람선이 물보라 속으로 두 갈래 푸른 물길을 만들며 내 달렸다. 유람선 선상 문학제가 열렸다. 수필 낭송도 하고, 휘파람 연주에 감성으로 젖다 보니 코로나로 갑갑하게 갇혔던 마음이 훨훨 날아가 버렸다. 호수 주변 경관에 대해 선장의 유창한 해설과 구수한 입담이 탐방의 맛을 더해 주었다.

문학기행을 마치고 대구로 귀가하는 관광버스 안에서 삼행시 심사 결과를 발표하겠단다. 심사 위원장을 맡은 대구수필가협회 회장이 심사 결과를 발표하기 전에 충주호와 관련한 역사적인 내용을 우선했다는 심사 기준을 들으며 '나는 안 되겠구나.'했다. 차상부터 발표하였다. 같은 문학회에서 활동하는 수필가라 큰 박수로 축하해 주었다. 뜸을 들이며 아깝게 장원과 차상에 들지 못한 아차상을 급히 만들었다며 발표했다. 이제 장원 발표를 하겠다는 말에 누군가 빨리 확인되기만 기다렸다. 장원 삼행시를 읽었다.

〈충〉

충주댐이 필요에 의해 만들어지며

내가 살던 고향이 물속으로

아득히 숨어 버렸다

〈주〉

주인이 급히 떠나느라

데려가지 않은 맷돌은

오늘도 주인 오기를 기다린다

〈호〉

호수 수면 위로 고향 잃은
마을 민의 허탈한 마음들이
윤슬로 피어나는구나!

'어, 내가 쓴 글인데!' 가슴이 쿵쾅거리며 얼굴이 화끈 달아올랐다. 이십사 년 전 이맘때, 고령 문인협회의 순천 낙안읍성 문학기행 백일장에서 운문 부문 장원한 기억이 확 되살아났다.

한때는 시로 등단하고 시심을 키우기 위해 서예 선생 한 분과 큰 산이나 강, 고택과 사찰을 찾아 새벽 기행을 많이 다니기도 했었다. 이제 다시 시詩를 살그래 써 볼거나.

제4부

대학원 강의

아리산阿里山

대만으로 농업 현장 연수를 떠났다가 덤으로 반나절의 귀한 관광을 할애 받았다. 대만에서 가장 가고 싶어 하는 명승지 아리산을 다녀온 것이다.

해발 이천 미터 이상 높이에 있는 열여덟 개의 산군 전체를 아리산이라 불렀다. 아리산에 가기 위해서는 거점 도시인 지아이嘉義를 거쳐야 한다. 지아이를 출발하여 아리산 국가풍경구까지는 칠십여 킬로미터였다. 한계령 같은 구비 길을 수도 없이 돌고 돌았다. 한쪽은 천 길 절벽으로 아찔아찔하고 근육이 굳어지며 현기증이 났다. 그렇게 두 시간 이상을 달려 아리산에 도착했다.

이튿날 새벽 세 시에 일어났다. 안내자의 지시에 따라 긴소

매 옷으로 갈아입고 산악열차로 갈아탔다. 일출을 감상하는 산 정상은 이곳보다 기온이 훨씬 떨어진다고 했다. 아리산 산악열차는 태백선의 선로에서 볼 수 있는 '스위치백' 열차였다. 페루의 안데스 산악열차, 인도의 따지링 히말라야 등산철도와 함께 세계 3대 산악열차에 속한다.

관광객들은 붉은색을 칠한 앙증맞은 기관차의 모습을 사진으로 담기에 바빴다. 삼십여 분을 달려 주산역에 도착했다. 해발 이천사백오십일 미터에 위치한 세계 최고도의 역사다. 주산역에서 숨 고르기를 하고 나서 계단을 올랐다. 정면으로 펼쳐진 엄숙한 옥산의 모습에 놀랐다.

산 정상은 연무에 갇혀 있었다. 이천팔백팔십일 미터에 있는 일출 전망대에는 수많은 사람으로 발 디딜 곳이 없었다. 주위는 이미 밝았지만, 옥산 위로 떠오를 해는 주변을 벌겋게 달구며 잔뜩 뜸을 들였다. 그러다가 더는 참지 못하고 산골짝 골짝을 희롱하더니 불쑥 둥근 불덩어리로 떠올랐다. 관광객들은 긴장을 풀며 약속이나 한 듯 일제히 탄성을 내질렀다. 좀 더 보고 싶은 아쉬움을 떨치고 아리산 숙박지로 내려와 중국식 아침을 먹었다.

여유가 없는 일정이라 서둘러 아리산 삼림유락구로 향했다. 하늘 높은 줄 모르는 삼나무들이 키 재기를 하며 우리를 반겼다. 조금 걸어 들어가자 죽어 쓰러진 거목 삼나무의 뚫린 밑동으로 길이 나 사람들이 지나다녔다. 그곳에는 이천삼백 살 된 삼나무도 있었다. 장정 열다섯 명이 양팔을 벌려 겨우 안을 수 있는 굵기였다. 이 거대한 신목은 국민 나무로 인터넷 투표에서도 최고의 영애를 차지했단다.

신목을 지나자 아리산의 결정판이라는 삼나무 삼대가 한 둥치를 이루며 자라고 있었다. 일 대목은 땅바닥에 엎드린 모습으로 일천오백 살, 그 위의 이 대목은 이백 살이며, 맨 위의 손자 삼대목은 쉰 살쯤 되었다고 하였다. 삼대가 한 가족을 이루며 오순도순 사는 자연현상에 그저 감탄할 수밖에 없었다. 그 나무 외에도 어미의 큰 밑둥치 위에 뿌리를 내려 자라고 있는 어린나무들이 여기저기 보였다. 미래의 신목들에 자기 몸을 기꺼이 내어주는 늙은 삼나무를 보노라니 할아버지가 아버지에게, 아버지가 나에게 하신 것처럼 '나도 자식에게 저럴 수 있을까' 싶었다.

이른 아침의 반영反映은 신선하고 눈부셨다. 아리산 최고의 빛으로 빚은 예술품이라고 말하고 싶었다. 호수 속에 잠겨 있는 나무들. 호수 위에 한가로이 떠 있는 정자는 삼나무 밑동에 그대로 전망대를 만들었다고 하니 나무의 크기가 짐작이 간다. 이천 살이 넘은 거대한 삼나무 신목 앞에 서니 우리 인간은 정말 작은 존재임을 확인할 수 있었다.

다시 삼림으로 들어가자 죽은 삼나무 뿌리가 두 눈을 부라리며 튀어나올 듯한 멧돼지 모습이어서 흠칫 놀랐다. 코끼리 모습을 한 고목도 보였다. 저만큼 죽은 두 나무가 사랑의 하트 모양을 하고 있었다. 기기묘묘한 모습에 빠져 모두 지나갈 생각을 하지 않았다. 나무숲을 걸어 들어갈수록 하늘을 향한 삼나무의 끝은 보이지 않았다.

청정한 계곡 물소리로 지친 심신을 다독이며 복덕만 고수의 큰 구멍이 뚫린 나무를 지나자 사원이 나왔다. 이곳도 해발 이천 미터가 넘었다. 길 따라 조금 오르자 향림香林 국민소학國民小學 건물이 보였다. 아직도 일제의 잔재인 국민 학교라는 교명을 사용하고 있었다.

그 우측으로 계단을 올라가니 아리산 박물관이 있고, 일본인들이 수탈한 현장을 보여주는 수령 탑이 보였다. 일본인들이 마구 베어낸 신목들의 영혼을 위로한답시고 세운 탑이었다. 수령 탑을 세우게 된 것도 벌목을 자행하고 난 뒤부터 숲 속에서 들려오는 괴이한 울음소리 때문이란다. 그 소리가 나무들이 내는 소리라고 믿으며 나무의 영혼을 위로한다고 수령 탑을 세웠다고 했다. 기이하게도 그 이후부터는 괴이한 울음소리가 그쳤다고 했다. 수천 년이 된 신목들을 보고 있자니 믿어질 뿐이었다.

빡빡한 연수 일정 중에 반나절의 관광이었지만 아리산의 일출과 수천 년이 된 삼나무들, 삼대목으로 자라는 자연의 현상들이 눈에 오래도록 어른거린다. 아리산, 다시 한 번 가고 싶다.

욕심을 줄이면

누구나 만족한 삶을 살기를 원한다. 그러나 그런 삶은 마른 하늘에 달구비 내리는 만큼 쉽지 않다.

첫아이에게 기대가 컸다. 유치원에 보내면서부터 욕심이 발동했다. 내 아이가 또래보다 키도 크고 힘도 세기를 바랐다. 초등학교에 들어가서는 받아쓰기 백 점 받기를 원했다. 중학교에 진학해서는 좋은 성적 받기를 빌었다. 마치 백 미터 달리기에서 가장 먼저 골인 지점에 들어오기를 바랐던 것처럼. 그러나 마음대로 되지 않았다. 욕심만큼 성적이 나오지 않을 때는 집안에 먹구름이 끼었다.

고등학교에 들어가서도 타울거렸지만, 기대만큼 성적은 오르지 않았다. 큰아들에게 늘 적성에 맞는 학과 선택을 강조하였다. 수학능력시험 성적이 예상보다 낮게 나왔다. 성적에 맞추어 대학과 학과를 선택해서 지원하였다. 인지도가 낮은 대학이지만 적성에 맞는 학과에 진학시켰다.

큰 키만큼이나 기대가 컸던 작은아들은 한의대에 응시하였다. 수학능력시험 공포증이 있는지, 평소 성적보다 많이 곤두박질쳐 역시 뜻을 이루지 못했다. 그 충격으로 우선 징집 원을 내고 도망치듯 입대를 해버렸다.

움켜쥐고 있던 희망이 손가락 사이로 하나둘 빠져나가고 빈 손이 된 것 같았다. 창공을 유유히 날던 새가 날갯죽지가 꺾여 까마득한 벼랑 아래로 맥없이 추락해버린 새 같아 갈피를 잡지 못했다.

학군이 좋다는 곳으로 이사를 하면서까지 유난을 떨었으나 '우리 아들 이런 대학에 갔노라'라고 말할 형편이 아니었다. 가난과 굶주림 속에서도 우등상 받으며 학교 다닌 부모보다 못하냐고 외치고 싶었다. 아내와도 아들 성적 때문에 서로 탓하며 언성을 높여갔다.

그 후유증은 다른 곳에도 전가되었다. 아이들 혼사가 난감했다. 모임에 가면 친구들이 우르르 몰려 스마트 폰에 눈을 꽂고 분산했다. 사진에 담긴 또랑또랑하게 생긴 손자 · 손녀를 보며 야단들이었다. 잘 생겼다는, 겉인사만 하고 고개를 돌리고는 했다. 대학을 졸업하고 아직 취업도 하지 못한 채 컴퓨터만 끌어안고 지내는 큰아들 생각을 하면 부아가 치밀었다. 친구들 자녀 결혼식에 다녀오는 날이면 공연히 짜증만 마음 바닥에 똬리를 틀었다.

어느 날 큰아들이 처남댁이 운영하는 외국어 학원에서 아르바이트한다고 했다. 재미있다며 한동안 열심히 매달렸다. 그러다가 다시 공무원 시험을 쳐 보겠다고 시작하였다. 2년여 공무원 시험을 치렀지만 붙지 못했다. 앞으로 더 준비한다고 해도 합격에 확신이 서지 않았다.

욕심을 줄여야겠다고 생각했다. 마음을 다스리고 큰아들과 마주 앉았다. 호박잎이 늦가을 된서리를 맞은 양 풀 죽은 모습이었다. 우리 욕심을 비우고 현실을 바라보자며 말을 시작했다. 처음부터 권하지 않았던 공무원 시험공부 그만하고 오늘부터 대구 시내 국비 직업훈련원 전부를 돌아보라고 했다. 졸업한 전공 분야도 상관하지 말고 백지상태에서 평생 직업으로 선택할 분야를 찾아보라고 했다. 얼음처럼 차가운 선언이었다.

얼마간의 시일이 지나고 큰아들이 상기된 표정으로 내 앞에 앉았다. 금형 설계 분야를 하고 싶다며 등록하겠다고 했다. 대학에서 건축 전공이었으니 설계가 영 낯설지는 않겠다는 생각이 들었다. 열심히 하면 결과가 좋을 것이라며 등을 토닥여 주었다.

만물이 새 생명을 싹틔우느라 용을 쓰며 꿈틀대는 삼월에 직업인의 꿈을 안고 훈련원에 나갔다. 아내도 늘 붙박이처럼 방 차지를 하고 있던 큰아들이 나가주니 무척 반겼다. 아들 역시 왜, 진작 생각을 바꾸지 못했는지, 보낸 세월이 아깝다며 연수 내내 눈빛이 초롱초롱해서 안심되었다.

큰아들은 그해에 대그룹 계열회사에 취직이 되었다. 욕심의 잣대를 짧게 잡자, 깜깜한 동굴 속에서 아득하게만 느껴졌던 출구가 보였다. 한 매듭이 풀리자 장학금을 받으며 공부한 작은아들도 졸업을 앞두고 취업이 되었다. 두 아들이 동시에 해결되자, 푸른 하늘이 푸르게 보였다.

취직되었으니 다음은 혼사였다. 평소 내가 퇴직하기 전에 결혼하기를 바랐다. 그동안 주위에서는 취직이 되지 않아 결혼시키지 못하는 속사정도 모르고 입방아를 찧었다. 나름으로 갖춘 집안이니 며느릿감을 눈 높게 찾느라 결혼이 늦어진다고 말이다. 그건 아니었다. 평소 생각대로 나, 이런 며느리 보았노라 보다, 욕심내지 않고 편한 옷을 입은 양 그런 며느리를 원했다. 그것 또한 취직되고 나니 급물살을 탔다. 뜻하지 않게 직업훈련원 선생님의 주선으로 큰아들은 쉽게 인연이 맺어졌다.

작은아들도 교장인 형님이 학교에 참한 여선생을 소개해주어 인연이 될 것 같아 기대했다. 하지만 작은아들은 편한 결혼이 좋다는 옛 어른들의 말을 알아듣기라도 한 듯 평범하더라도 서로 위하고 마음 끌리는 상대를 찾았다. 그런 상대를 같은 직장에서 만났다. 큰아들이 결혼식을 치른 뒤 1년 7개월 만에 작은아들도 결혼하여 퇴직 전 두 아들 결혼이 지켜졌다.

두 아들, 자랑할 것 없는 대기업 협력업체와 벤처기업에 다닌다. 그렇지만 듬쑥하고 성실한 자세로 열심히 일하다 보니 승진하여 자리매김도 했다. 신혼집을 전세로 얻어 줬지만, 본인들이 알뜰하고 오달져서 기특하게도 이내 내 집 마련을 모두 하였다. 손자 넷에 손녀 한 명이 대를 이었다.

너나 나나 아들딸을 키운다. 그 아들딸이 모두가 다 잘날 수는 없다. 욕심도 분수에 맞게 부려야 한다. 한껏 부풀려진 욕심, 줄이지 않으면 늘 불만일 수밖에 없다. 내 손에 손톱 자라는 것은 금방 보이니 깎는다. 하지만 내 마음에 자라는 욕심은 보지 못해 자꾸만 키우게 된다. 그 욕심은 이상하게도 더하기를 할수록 행복은 자꾸만 빼기를 하며 달아났다. 희떠운 것보다 편한 옷을 입은 양 욕심을 줄였더니 아름다움이 보이고, 마음을 비우니 행복이 내 가까이에서 등을 내주었지요.

특별한 만남

졸업 후 처음으로 두 분의 은사님을 모시고 고등학교 동기회 모임을 주선했다. 장소는 학창 시절 출석번호 1번인 화가 친구가 그림 전시회를 열고 있는 곳으로 정했다.

전시회장에 들어섰다. 벌써 도착하신 듯, 친구 같던 선생님께서 그림 설명을 들으시다 말고 환하게 다가오시는데 가슴이 뜨거워진다. 이렇게 잊지 않고 찾아주어 정말 고맙다며 마주 잡으시는 손에 힘이 느껴졌다. 오히려 너무 늦은 만남이라 머리를 조아리며 반가움 속으로 그간의 생활 나들이를 했다.

“참, 자네들 담임 영감님과 정문 출입구에서 만나기로 했는데 거기서 기다릴지도 모르겠네.” 걱정되어 함께 밖으로 나왔다. 담임선생님께서 저만치서 휘적휘적 걸어오신다. 모두 줄을 서서 인사를 드렸다. 선생님은 초대해 주어 고맙다며 덥석 끌어안기부터 하신다.

인사를 나누시던 선생님은 두리번거리시며 K 제자를 찾았다. 하지만 전시회장을 꼼꼼히 둘러본 시간에도 K는 나타나지 않았다. 계획된 시간보다 너무 오래 지체되어 식당으로 자리를 옮겼다. 식당으로 향하면서도 선생님은 자꾸만 뒤를 돌아보셨다.

식당 문을 밀치고 들어가는 순간, K가 빙그레 웃으며 나타났다.

"선생님, 그동안 안녕하셨습니까. 늦어서 식당으로 바로 왔습니다."

두 사제는 한참을 끌어안으셨다. 눈가에는 이슬방울이 맺히더니 어느새 흥건히 젖으며 세월을 거스른다.

코밑이 거뭇해지고 아랫도리 힘이 넘쳐나 자리에 가만 앉아있기에는 직성이 풀리지 않던 시절이었다. 길 위에 한가로운 돌멩이라도 차버려야 뭔가 한 것 같은 그때 K는 학교 악대부장을 했다. 작달막한 키에 교복 단추를 한두 개쯤 푼 채, 나팔바지를 불두덩에 아슬하게 걸쳐 입고는 거리 먼지를 휩쓸고 다녔다. 공부는 아예 뒷전이고 트럼펫 불기에만 열중이었다. 선생님이 눈길을 잠시만 놓고 있어도 수업을 빼먹는 것은 예사고 결석도 다반사였다. 타이르는 말도 무수히 들었고 엉덩이를 피가 나도록 맞기도 하였다. 담임선생님은 내가 너를 바로잡지 않으면 교직을 그만둔다며 닦달하였지만, 날이 새고 나면 늘 원위치 해버리는 K였다. 3년을 내리 담임을 맡으셨던 선생님으로서는 그 골 깊은 만남이 평생 교직 생활 중에서도 잊히지 않은 제자로 각인이 되었나 보다.

선생님은 당신 자리 앞에 K를 앉게 하고는 자꾸만 눈을 맞추며 손을 잡았다 놓았다 하셨다. 그리고는 아직도 지난날의 안타까움으로 "이 사람"을 연발하신다. 졸업한 지가 강산이 네 번도 더 바뀌었으니 한순간에 감정을 순서대로 풀어놓을 수가 없나 보다.

고교 시절 우리들은 호랑이 선생님으로 무섭게만 느꼈었는데, 지금 우리들 앞에 앉은 선생님은 마음이 연꽃이 되셨다. K도 두 눈이 벌겋다. 옆에 앉은 선생님이 보다 못해 "오늘같이 기쁜 날에 왜 이러시냐?"고 타박했다.

만남의 시간은 급물살을 타고 선생님은 다른 약속 때문에 먼저 일어나야 함을 못내 미안해하셨다. 분위기가 흐트러지니 절대 나오지 말라며 손사래를 쳤지만, K와 함께 따라나섰다. 우리를 양팔로 어깨동무하며 표정이 밝으시다. 건강하게 열심히 살고 가끔은 만남의 즐거움도 느끼자고 하셨다. 결국 승용차가 있는 곳까지 배웅하지 못하고 준비한 선물을 드렸다. K를 바라보며 따로 꼭 한번 만날 것을 다짐해 두시고는 잡은 손을 놓으셨다. 저만치 걸어가시는 여든 세월이 얹힌 선생님의 어깨선이 아직은 반듯해서 기분이 좋다.

면접관 체험

예상치도 못한 면접관이 되었다. 지원자들 사이를 지나 면접실로 들어서려니 아침 햇살 아래 푸르른 느티나무와 붉은 장미가 서로 오월의 주인공이라며 경쟁하는 듯했다. '저 지원자들이 느티나무, 장미보다 더 싱그럽다'는 느낌이었다.

며칠 전, 국민연금공단에 부장으로 근무하며, 같은 문학회에서 활동하는 수필작가로부터 오랜만에 전화가 왔다. 이번에 국민연금공단 체험형 청년인턴 채용이 있는데, 면접위원으로 모시고자 한다는 전화였다. 알려주는 일정이 수요일이라 아주 난감하였다. 퇴직한 지 삼 년으로 접어들다 보니 이제 한 주일의 일과표가 정해져 있다. 수요일은 오전에 일어 강좌를 들은 뒤, 오후에는 퇴직공무원을 대상으로 '생활 원예' 재능

기부 강의가 있다.

정 부장에게 면접위원 추천은 정말 고맙지만, 수요일은 일정이 가장 빽빽한 날이라 아무래도 불가능하겠다며 전화를 끊었다. 그런데 요즘 청년 실업이 심각하다는데, 그 현장을 접할 기회여서 방법이 없을까 궁리하였다. 아무래도 일정보다는 청년실업에 더 관심이 가서 휴강할 것을 알리고, 정 부장에게 수요일에 가겠다고 하였다.

면접하는 날, 늦지 않기 위해 서둘러 나섰다. 출근 시간대라 차들이 멈춰 서서 녹색신호로 바뀌어도 도무지 앞으로 나가지를 않았다. 나 때문에 면접이 늦어질까 봐 입술이 바싹바싹 탔다. 다행히도 조금씩 정체가 풀려 여유 있게 도착하였다.

면접위원은 네 사람이었다. 세 사람은 연금공단 내부 사람이고 나만 외부 사람이었다. 인사를 나누고 차 한 잔을 마시며 면접에 관한 설명을 들었다. 이미 서류전형에서 10대 1의 경쟁을 거쳐 면접에 참석한 응시자들로 다시 응시 지역 지사별로 4명 중에서 1명을 뽑는 면접이었다.

면접위원으로 위촉받고 면접에 관한 자료를 검색해 보았다. 미국 캘리포니아 대학 심리학자인 앨버트 메이르 비 안 교수는 '말보다 표정이 메시지 전달에 있어 더 큰 비중을 차지한다.'는 "메이르 비 안의 법칙"이 있었다. 그의 법칙에 따르면, '커뮤

니케이션에 있어서 말의 내용은 7%에 불과하고, 목소리의 고저장단, 억양, 성량, 음색 등의 음성적인 부분이 38%, 그리고 가장 많은 영향을 미치는 부분은 표정, 자세, 태도 등의 비언어적인 몸짓으로 전체 비중의 55%를 차지한다.'고 하였다.

최근 동작학(kinesics)의 선두 주자 레이 버드위스텔 박사는 이러한 보디랭귀지를 통해 우리는 처음 만나는 상대에 대해 4분 안에 첫인상의 60~80%를 결정짓게 된다는 사실을 밝혀내기도 하였다.

결국 메이르 비 안의 법칙에서 강조하는 것은 표정, 말투, 억양의 고저와 같이 우리의 평소 습관 혹은 무의식중에 하는 것들에 의해 첫인상이 결정된다는 이야기였다. 면접장에 들어오는 순간부터 이미 평가는 시작되며, 문을 열고 들어오는 걸음걸이, 인사하는 모습, 자기소개할 때의 표정, 말투, 억양, 성량, 음색 등이 모두 평가항목이라고 하였다. 면접관들은 안 보는 척 혹은 서류 보는 척하면서 여러분들의 비언어적인 요소들을 가장 먼저 평가한 후에 채용 여부를 결정하므로 평소에 꾸준히 모의 면접을 하면서 지속해서 피드백을 받을 필요성이 있다고 하였다.

드디어 면접이 시작되었다. 긴장감을 깨뜨리며 응시자 넷이 들어오며 인사를 했다. 하나같이 단정한 용모에 유니폼을 입혀 놓은 듯 흰 셔츠에 검은색 상의와 검은색 치마다. 남자 역시 검은색의 정장 차림이다. 옆에 앉은 정 부장에게 "국민연금공단의 유니폼입니까." 슬쩍 웃으며 물었다. 그동안 학원 등에서 얼마나 준비해 왔으면 의상이 놀랍도록 똑같았다.

대체로 면접은 고객지향성, 의사소통, 혁신성, 직업윤리, 대인관계에 대해 알아보는데, 먼저 면접위원장이 자기소개를 1분 동안 해보라며 시작하였다. 내부 면접위원 두 분은 국민연금공단의 전문 소양에 대해 질문하였는데, 가끔은 살을 베는 듯한 날카로운 질문에 진땀을 흘리거나 안절부절못하는 모습이 안쓰러웠다. 나는 웃으며 긴장을 풀고 편하게 대답하라고 했다. 인성이나 조직 구성원의 역할, 창의적인 생각이나 열정이 있는 사람인지, 나름의 잣대로 질문을 했다.

모두 예쁘고 말도 얼마나 똑 떨어지게 잘하는지 감탄했다. 자격증이 네다섯 개는 보통이고, 영어 토익점수가 900점이 넘는 응시생도 많아 다 채용하면 좋을 텐데 싶었다. 자기소개 시에 일찍 부모님이 교통사고로 돌아가시고 할머니가 어렵게 키워 주셨다며 울먹이는 응시자도 있었다. 고작 4개월의 인턴 채용인데도 이러하니 심각한 취업난이 실감 났다. 또한 면접 내내 가슴 졸이고 있을 그들 부모님이 생각나서 마음이 쓰렸다. 인턴으로 근무하면 정규직원 채용 시에 약간의 가산점이 있다고 했다.

면접을 마치고 몇 번씩 꾸뻑 인사를 하고 문을 나서는 응시생들의 뒷모습이 내 자식 같아 가슴이 먹먹했다. 하루속히 원하는 일자리를 찾아 꿈을 키울 수 있기를 빌어 주었다.

대학원 강의

원예과학과 Y 교수로부터 좀 만나자는 전화가 왔다. 평소 원예치료 관련으로 자주 만나는 분이라 내용도 묻지 않고 약속 장소에 나갔다. 대학원 박사과정 '화훼원예 생산 특론' 강의를 맡아 달라고 하였다.

공직에 있을 때부터 전문대학 겸임교수로 관광농업 강의를 했다. 퇴직하고 바로 국립대학 4학년 관광 원예학 강의와 전문대학 원예디자인 창업 강의를 맡았지만, 대학원 강의는 처음 제안 받아 잘 할 수 있을까, 며칠 말미를 달라고 했다.

학창 시절에 꿈이 교사가 되는 것이었다. 중학교 다섯 반 중에 대구에 있는 명문 고등학교 진학률을 높이기 위해 성적순으로 특설반을 하나 만들었는데, 나도 특설반에 들었다. 진학은 당연히 대구로 할 계획이었다. 그러나 고등학교 진학을 앞둔 시점에 아버지가 양곡상을 크게 했는데 부도가 나 버렸다. 아버지 사업의 운송을 맡았던 외사촌 형님이 따로 시작한 집장사가 망해서 아버지에게 줄 돈을 내놓지 못해 연쇄 부도로 이어졌다. 장학금을 받지 않고는 진학이 어려워진 형편이라 마음에도 없는 고향의 농업고등학교로 진학하였다. 선생님이 되기 위한 꿈도 캄캄한 동굴 속같이 가늠 없이 멀어졌다.

퇴직하고 많은 곳의 강의 요청으로 분주한 나날이다. 그동안 일반대학 학부 학생 대상 강의 말고도 농민사관학교의 수출 화훼 강의를 맡았다. 경북 환경연수원의 도내 지역순회 생활 원예 강의와 공무원연금공단 상록아카데미의 생활 원예 재능기부 강의를 하고 있다. 대학 평생교육원과 농업기술센터의 원예복지사 양성 과정 강의, 대구 · 경북뿐만 아니라 경기도 · 전라도 · 충청도를 넘나들며 마스터 가드너 양성과정과 원예 관련 강의를 하였다.

Y 교수에게 고맙다며 강의하겠다고 하였다. 박사과정 학생은 여섯 명으로 그중에서 제 강의를 들어야 할 학생은 두 명이다. 인문사회계열에서 학사학위를 받고 보건환경대학원으로 진학한 동계 진학자가 아닌 학생들이다.

강의 자료 준비에 들어갔다. 먼저 강의 과목과 관련하여 최근에 있었던 심포지엄이나 세미나 발표 자료와 연구기관에서 내놓은 시험 성적 등을 스크린해 보았다. 필요한 자료목록을 뽑아 발표자나 연구자에게 전화하여 인용할 때는 본인들의 자료임을 밝히고 강의하겠다고 양해를 구하며 자료를 부탁하였다. 그동안 관계 유지가 헛되지 않아서인지 대부분 자료를 보내 주어 고마웠다.

받은 자료와 그동안 화훼 관련 강의했던 것과 농업 현장 지도에서 얻은 기술을 정리하여 만들었다. 거기다가 학생들이 박사 논문을 쓰는 데 도움이 될 만한 내용을 PPT로 편집하여 여러 번 수정을 거쳐 열다섯 번의 강의 자료를 완성하였다. 화훼산업의 현황과 전망, 시장에서 원하는 꽃, 장미 · 거베라 · 접목 선인장 생리 생태 및 고품질 재배 기술, 야생화의 의미와 연출, 최근의 화훼 수출 환경 변화와 수출 확대 방안, 화훼류 이용에 대해 준비하였다. 그 밖에도 인간 · 식물 · 환경의 건강한 공존, 관광농업과 치유농업, 원예치료 효과와 치료목적에 적합한 원예 활동 분석, 대상자별 원예치료 적용사례 및 프로그램별 기대효과 등이 강의할 내용이다. 학문적인 지식과 현장에서 필요한 내용으로 조금은 폭넓고 깊이 있는 강의 자료를 준비하기 위해 땀을 좀 흘렸다.

강의는 매주 한 번씩, 3시간 강의다.

만물 소생으로 대지가 꿈틀댈 무렵에 첫 강의를 시작했다. 내 강의를 듣는 두 사람은 모두 평소 원예치료사 활동으로 잘 아는 중년 나이의 늦깎이 학생들이다. 가정과 직장 일을 하면서 박사과정 공부까지 세 송이 꽃을 피우는 두 사람의 열정을 칭찬하였다. 나 역시도 공직생활을 하며 학사 · 석사 · 박사학위 과정을 공부하여 학위를 받았다며, 열심히 하라고 용기를 북돋워 주자, 표정들이 밝다. 박사과정이니 무엇보다도 논문 테마를 빨리 정해서 쓰고자 하는 관련 발표 논문 열람과 자료 수집을 차근차근 시작하라고 일렀다.

강의 자료를 메일로 미리 보내 주고 PPT 강의를 끝내고 질문과 토론의 시간을 가졌다. 강의 내용 질문도 있었지만, 학위 논문은 무엇을 어떻게 선택해서 시작할까, 부담감으로 시간마다 끙끙댔다.

한 학생은 집이 대구라 강의를 듣는데 별문제가 없지마는 다른 한 학생은 포항이 집인데다가 수목농장 등 하는 일이 많아서 마음이 쓰였다. 하지만 씩씩하게 시간을 잘 맞추고 강의실에 들어서면 늘 반달 웃음으로 집에서 준비해온 시원한 오미자차 한 잔을 여유롭게 내놓는다.

학점 평가를 위한 중간고사와 기말고사는 과제물로 했다. 원예치료 전공이라 '청소년을 위한 원예치료프로그램 개발'과

'노인을 위한 원예치료 프로그램 설계'를 내도록 하였다.

박사과정이라 학문적인 독려도 하고, 가끔은 숨 고르는 강의로 이끌어 갔더니 목적한 고갯마루까지 웃으며 잘 따라와 주었다.

오랜 추위를 견디며 목 늘어지게 기다렸던 봄을 채 느끼기도 전에 여름이 성큼 닥치듯이 학생들과 친숙해지려는데 한 학기가 끝이 났다.

마지막 강의 시간이다. 늦은 나이에 어렵게 시작한 공부이니만큼 논문을 꼭 써서 학위를 받을 것을 강조했다. 두 사람 모두 사회에 필요한 곳에서 제 역할을 할 것을 기대한다고 격려하며 대학원 강의를 보람으로 마무리했다.

졸음운전

매주 한 번씩 도내 화훼 재배 농가를 찾아 컨설팅한다. 구미시에 있는 화훼 농가의 컨설팅을 마치고 홀가분한 마음으로 교수 두 분을 태우고 귀가를 위해 대구로 출발했다. 차 안이 답답해서 창문을 내리자 사월 하순의 싱그러운 풀 향기가 와락 달려들었다. 산야는 온통 연둣빛으로 한 폭의 수채화와 같았다.

고속도로는 평일인데도 여전히 뒤꽁무니에 줄을 이었다. 수성 IC에서 내려야 하니 이제 슬슬 오른쪽 차선으로 나가자고 K 교수가 말했다. 룸미러로 뒤편을 보았다. 2차선 차량이 저 멀리서 오고 있었다. 거리는 충분하고도 남았다. 차선 변경을 위해 방향지시등을 켰다. 그리고 1, 2초가 지났을까, 시커면 물체가 가까워진다고 느끼는 찰나에 우리를 삼키듯 '꽝!'하고 하는 소리가 들리고 차가 휘청거렸다. '이게 뭐지?' 떠밀리며 핸들을 놓치지 않으려고 안간힘을 쓰며 갓길까지 나와 차를 세웠다.

멍한 상태로 일행에게 "괜찮습니까? 다친 데 없어요?" 서로서로 묻기에 바빴다. 천만다행으로 동행한 두 분 모두 괜찮다고 했다. 내 차를 추돌한 화물차는 200여 미터를 더 가서 갓길에 세웠다. 나는 당황하여 한동안 차에서 내리지 못하고 있었다. 정신을 가다듬고 차 문을 열었다. 다행히 문은 무리 없이 열렸다. 조수석과 뒷자리에 앉은 교수들이 따라 내렸다. 차량 뒤로 가보았다. 뒤 범퍼와 트렁크가 왕창 깨지고 찌그러졌다. 차를 산 지 2년도 되지 않은 새 차를 이렇게 만들어 놓다니.

아침에, 두 분 교수를 태워야 하므로 반짝거리도록 차를 닦았다. 그런데 이게 뭐람. 새 차가 한순간에 엉망진창으로 구겨져 화도 나고 내 몸이 찢긴 양 마음도 아렸다. 하지만 차는 고치면 되고, 세 사람이 큰 외상은 없어 안도의 긴 숨을 쉬었다.

평소에 안전거리를 충분히 확보하는 습관의 득을 크게 본 셈이다. '만약 추돌당하며 앞차를 받았거나 뒤따라오는 차와 연쇄 추돌이 일어났다면 어떻게 되었을까?' 상상만 해도 소름이 돋는다. 봉사로 덕을 쌓은 두 분을 모셨기에 이만한 것이라며 마주 보며 웃었다.

어떻게 알았는지 견인 차량 두 대가 가장 먼저 달려왔다. 내 차를 보더니 뒤에서 일방적으로 추돌했기에 보험회사에 연락할 필요도 없다고 했다. 새 차이니 합의를 볼 때 찻값이 떨어지는 그 보상도 받으라고 했다.

그때 서야 느직느직한 걸음으로 사고 낸 화물차 운전자가 머쓱하게 다가왔다.

"좋았지요?" 그는 대답이 없었다. 사고는 이미 난 것이니 보험회사에 연락하라고 했다. 금방 그쪽 보험회사 직원이 왔다. 내게 블랙박스를 좀 봐도 되겠느냐고 물었다. 블랙박스를 보더니 자기 쪽 책임이라며, 다친 데는 없느냐고 물었다. K 교수는 목이 뻐근하다고 말했다. 나와 H 박사는 지금은 괜찮은 것 같지만 잠을 자봐야 알겠다고 했다. 당연히 그럴 거라며 세 분 모두 대인 피해 접수해 놓을 테니 병원에 가보라고 했다.

그때 사고를 낸 운전자가, 내 차가 천천히 가서 사고가 났다, 방향지시등을 켜고 빨리 차선을 변경하지 않아서 그렇다며 이의를 제기했다. 자신의 졸음운전을 덮기 위한 어이없는 변명으로 들렸다. 그러자 그쪽 보험회사 직원이 그건 이유가 되지 않습니다. 어쨌든 안전거리 미확보로 우리 책임이라고 했다. 그래도 쭈물쭈물하기에 그럼 경찰을 불러서 판정받자고 제의했다.

전화하자 이내 경찰이 왔다. 어떻게 사고가 났느냐고 묻는다. 블랙박스를 보여주었다. 일방적인 뒤에서 추돌했기에 100% 과실로 판정을 내렸다. 그때야 엉거주춤 다가오더니 죄송하게 되었다며 머리를 조아렸다. 사고 낸 운전자는 ※습습하지 못했다. 사고가 난 지 무려 3시간이나 흐른 후였다. 긴장이 풀리며 목감기에다 심신이 놀라고 지쳐서인지 그냥 주저앉았다.

방어 운전이 필요하다고 말하지만, 이번 사고처럼 어쩔 수 없이 당하는 경우가 많다. 가해 운전자는 끝내 말하지 않았지만, 졸음운전으로 추정된다. 졸음이 오면 무조건 휴게소나 졸음 쉼터에서 쉬어야 한다. 참다 보면 씻을 수 없는 큰 불행을 초래할 수 있기 때문이다.

장수 시대를 맞이했지만, 불의의 교통사고, 지진 등 참으로 불안전한 세상에 우리는 살고 있다. 오늘도 새벽 운동을 할 수 있음에 감사한 마음이다.

※ 습습하다 : 사내답게 활발하고 너그럽다.

선유구곡 너럭바위

오월, 푸르른 날에 문학기행을 떠났다. 대구 문인협회는 매년 문학기행을 테마를 정해서 간다. 지난해는 곳곳의 문학관을 돌아보았는데, 올해는 구곡원림 탐방이다.

원하는 탐방 장소를 선택하라고 했다. 성주 무흘구곡, 청도 운문구곡, 경주 옥산구곡, 영천 횡계구곡, 문경 선유구곡, 봉화 춘양구곡이 공지되었다. 다른 곳은 2년간 문화해설 강좌를 들으며 현장 답사로 가본 곳이고, 문경 선유구곡만 생소해서 선택했다. 국내에 100여 곳의 구곡이 있다고 한다. 선유구곡은 어떤 곳일까?

선유구곡은 대야산의 동쪽인 문경시 가은읍 완장리에 내선유동이 있고, 서쪽에는 괴산군 청천면 송면리에 외선유동이 있다.

문경 내선유동 계곡은 넓은 너럭바위와 속살이 훤히 보이는 맑은 물이 흐르고 경치가 빼어난 곳으로 9곡이라 이름 붙은 곳이 있다. 모두 바위에 옥석대玉潟臺, 난생뢰鸞笙瀨, 영귀암詠歸巖, 탁청대濯淸臺, 관란담觀瀾潭, 세심대洗心臺, 활청담活淸潭, 영사석靈槎石, 옥하대玉河臺라 새겨 놓았다.

선유동은 선유구곡이 있는 옥석대를 말한다. 계곡 왼쪽에 도암陶庵 이재李縡 선생을 기리는 학천정鶴泉亭이 고즈넉하게 자리하고 있었다. 도암 이재 선생은 대야산 용추龍湫 부근에 둔산정사屯山精舍를 세우고 후학을 교육했으나 세월이 오래되어 퇴락하고 말았다. 그 후에 향내에 사람들이 선생을 추모하여 이 정자를 새로 세울 때 선유구곡 제9곡에 학천정을 세웠다. 학천정 앞 평평한 바위에는 '옥석대玉舃臺'라는 글씨가 새겨져 있다. 이곳은 물이 맑고 풍광이 빼어나 많은 사람이 여름철에 물놀이하는 곳이다.

나도 발걸음을 멈추고 너럭바위에 걸터앉아 신발을 벗었다. 말간 물 바닥이 나를 쳐다본다. 발을 담그려니 미안한 마음이 든다. 투명한 물을 바라보노라니 자꾸만 담가보라고 유혹한다. 못 이기는 척 슬며시 후끈한 신발을 벗고 발을 담갔다. 시리도록 시원함이 몸 구석구석 세포가 살아나는 듯했다.

고개를 들자, 계곡 오른쪽에 솟아 있는 바위에 '선유동仙遊洞' 이라는 글귀가 뚜렷이 새겨져 있다. 최치원 선생이 쓴 글씨라고 전한다.

내선유동 계곡은 여성적인 아름다움을 간직하고 있는 계곡으로 아기자기한 계곡미와 기암괴석들의 절경을 품고 있다. 선비들이 시서를 논하며 풍류를 즐겼던 여유로운 삶을 엿볼 수 있다. 계곡의 골이 깊고 넓어 물 흐름이 완만하다. 바닥이 훤히 보이는 맑고 풍부한 물줄기가 기암괴석을 간질이며 유연하게 굽이쳐 돌면서 못을 이루고 소를 만들었다.

'물가에는 비비추, 참나리, 초롱꽃, 진달래, 복사꽃, 배롱나무가 물그림자를 지우며 어우러져 계절 따라 피고 지니 진정 무릉도원武陵桃源이 아닐까?' 그 시절 선비들이 이런 자연과 더불어 요산요수樂山樂水하며 음풍농월吟風弄月을 즐기던 멋스러운 정취가 그립다. 보는 이가 없다면 옥색 물에 풍덩 뛰어들어 도심에서 찌든 마음을 훌훌 씻고 싶다.

둔덕산과 대야산에서 발원한 선유동천 청정물길은 선유구곡을 이뤘는데, 1~9곡까지 계곡 바닥이 온통 하얀 너럭바위이다. 너럭바위 위를 흐르는 물길을 보며 세속의 때를 지웠는가. 외제畏齋 정태진丁泰鎭이 그중 아홉 굽이에 이름을 붙여 시를 지었다. '선유구곡시仙遊九曲詩'다. 구곡마다 한시 현판을 세

워놓았다. 1, 3, 9곡의 한시 현판은 사라져 유감이다.

서시序詩

十載經營此一遊　십 년을 살다가 이렇게 한 번 노니니
洞門深處興悠悠　선유 동문 깊은 곳에 홍취 가득하다.
淸溪曲曲靈源瀉　맑은 시내 굽이굽이 원두에서 흘러오고
老石磷磷積翠浮　늙은 돌은 울툭불툭 푸른빛이 떠돈다.
曠世蒼茫追隱跡　선인은 아득하니 숨은 자취 따라가며
幾時粧點獲勝籌　몇 번이나 자리 잡고 좋은 계책 얻었는가.
金丹歲暮無消息　금단은 한 해가 다하도록 소식 없으니
羞向人間歎白頭　부끄러이 세상에서 백발을 탄식하네.

제1곡 옥하대玉霞臺

白石朝暾相暎華　흰 돌에 아침 햇살 비쳐 밝게 빛나고
晶流寒玉紫騰霞　맑은 시내 찬 물결에 안개 붉게 오른다.
閒尋題字迷難辨　한가로이 새겨진 제자 찾기가 어렵고
只有白雲臺上遐　흰 구름만 누대 위로 저 멀리 자리하네.

제2곡 영사석靈槎石

以石爲槎喚作靈　돌로 뗏목 삼아 선령을 부르거늘
中流停著歲冥冥　시내 가운데 머무르니 세월이 아득하네.
傍崖又有仙人掌　벼랑 곁엔 또한 선인의 자취가 있으니

一路窮源指可聽　한 길로 원두를 찾아가면 만날 수 있으리.

제3곡 활청담活淸潭

靜處從看動處情　마음으로 정처에서 동처를 바라보니
潭心活活水方淸　못 속이 활발하니 못물이 맑아지네.
本來淸活休相溷　본래의 맑은 마음 흐리게 하지 마라
一理虛明道自生　이치가 허명 하면 도는 절로 생기리라.

제4곡 세심대洗心臺

虛明一理本吾心　허명한 이치가 본디 내 마음이거늘
枉被紛囂容染深　부질없이 세상사에 깊이 물들었네.
到得玆臺思一洗　이 대에 이르러 한번 씻길 생각하니
肯留滓穢分毫侵　어찌 묵은 때를 추호라도 두겠는가.

제5곡 관란담觀爛潭은 물을 바라볼 때는 반드시 그 물결이 급히 흐르는 곳을 보라'는 뜻으로 학문하는 태도에 비유하였는데, 성인의 도는 크고 근본이 있으니 배우는 자가 반드시 공부해야 이를 수 있다는 뜻이란다.

潭上湍流瀉作瀾　못 위급한 물살 쏟아져 이룬 물결
到來潭處勢全寬　연못에 이르러선 그 기세 잔잔하네.
觀他有本元如是　원래 이와 같이 근본 있는 물결 보니
照得吾心一鑑寒　차가운 수면 위에 내 마음 비춰보네.

제6곡 탁청대濯淸臺

臺前流水絲漪橫　누대 앞에 흐르는 물 일어나는 실물결에
一濯長纓萬累輕　한 번 긴 갓끈 씻으니 온갖 근심 가벼워라.
想像損翁當日趣　손옹이 사신 그때 가진 홍취 상상하니
滄浪一曲玩心明　푸른 물결 한 구비에 완심이 밝아지네.

제7곡 영귀암詠歸岩

臨流盡日弄晴暉　물에 임해 온종일 맑은 빛 즐기다가
風浴隨時可詠歸　수시로 바람 쐬고 읊조리며 돌아온다.
不必沂雩能攄志　꼭 기우가 아니라도 뜻을 펼 수 있으니
巖臺自足振春衣　바위 누대 자족하며 봄옷을 떨치리라.

제8곡 난생뢰鸞笙瀨

琮琤石瀨奏笙鸞　돌여울 물소리 난새의 노랫소리
縹渺仙踪底處看　저 아래 아득히 신선 자취 보인다.
從古闤林多怪秘　옛부터 신선 사는 곳엔 신비롭고 괴이하니
雲間鷄犬是劉安　구름 사이 닭과 개는 바로 유안이네.

제9곡 옥석대玉舃臺

全石跨溪鏡面開　시내가 흐르는 전석엔 거울이 열리고
凹爲泉瀑峙爲臺　파인 곳은 폭포 되고 언덕은 누대 된다.
仙人遺寫今何在　선인의 남긴 자취 지금은 어디에 있는가
應有雙鳧葉縣來　섭현에서 날아온 두 마리 오리가 있으리.

시간을 거슬러 선유구곡 너럭바위에 선비들이 학처럼 둘러 앉았다. 운韻을 달고 한시를 한 소절씩 지어간다. 긴 턱수염을 쓰다듬으며 완성된 한시를 읊조리고 고개를 젓히며 한바탕 호탕하게 웃는다. 그 모습이 아른아른 아지랑이 되어 피어오른다. 역시 산은 산이어서 좋고, 구곡에는 너럭바위가 있어 세상이 넓어 보인다.

가로수 사랑

출근할 땐 늘 수목원 앞을 지난다. 좌측으로 휘어지는 도로에서 사고가 났었다. 대형 트럭에 애꿎은 가로수 두 그루가 참혹하게 깔아뭉개졌었다. 그곳을 지나칠 때마다 허전하고 짠한 마음이었다.

봄에 수목원 앞으로 도로가 확장되며 가로변에 은행나무가 발과 손이 잘린 채 누워있었다. 이내 심어지기를 바랐지만 여러 날 누운 신세였다. 평생 살아야 하는 곳이 정해지고, 살아남기 위한 몸부림이 시작되었다.

여름이 닥치자 미처 발을 제대로 만들지 못한 나무는 매운 시집살이를 했다. 뿌리가 제 몫을 다하지 못하니 잎이 제대로 자라지 못해 노랬다. 낮에는 날개죽지를 늘어뜨렸다가 밤이 되어서야 정신을 차리는 모습이 애처로웠다.

세월이 약이던가, 시집온 은행나무가 조금씩 터를 잡고 웃기 시작하며 씩씩한 청년 모습을 갖추어 갔다. 그러던 어느 날 아파트 옆 좌측으로 휘어지는 내리막길에서 사고가 났다. 아마도 졸음운전 사고 같았다. 애꿎은 은행나무 두 그루가 급살을 맞았다.

세월이 흘러 퇴직했다. 운동하기 좋은 수목원 부근의 아파트를 구하러 다녔다. 공교롭게도 그 잘린 은행나무 옆 아파트로 이사를 하게 되었다. 약속이나 한 듯 전에 살던 곳에서 함께 운동했던 농협장도 먼저 이사해서 살고 있었다.

매일 새벽에 운동을 나가며 교통사고로 잘린 은행나무 그루터기를 본다. 억울하게 죽임을 당해 보상을 받기 위한 데모라도 하듯이 남은 그루터기에 무수히 싹을 띄웠다. 하루가 다르게 하늘바라기로 한 뼘 크기의 싹 줄기가 키 재기를 했다. 2년이 지나자 은행나무 싹 줄기가 서너 뼘 크기로 자랐다.

겨울 동안 알몸으로 오들오들 떨던 은행나무 싹 줄기가 봄이 되자, 잘린 그루터기에서 수십 줄기 형제가 다투어 새잎을 만들었다. 그 중에 큰 줄기는 내 허리께만큼 자랐다.

함께 새벽 운동하던 농협장에게 은행나무 그루터기를 잠깐만 보고 가자고 했다. 많은 줄기를 그냥 두면 가로수 역할을 못 한다. 선택과 집중의 논리로 큰 줄기 하나만 남기고 다른 줄기는 잘라주어야 빨리 자랄 수 있다고 했다. 농협장은 짬을 봐서 자기가 정리하겠노라 했다.

며칠 뒤 내가 말한 대로 한 줄기씩만 남기고 말끔하게 정리가 되어 있었다. 나도 오가며 다시 돋는 새순을 제거했다. 육 개월을 돌본 결과 두 그루 중 한 그루는 내 키보다도 더 자랐다.

여름이 되자 은행나무가 달구비를 맞고 한쪽으로 기울어져 있었다. '지주를 세우고 끈으로 묶어 줘야겠구나.' 생각했다. 며칠 후, 어둠 속 저만큼에서 누군가 철 파이프와 끈을 들고 바쁜 걸음으로 다가왔다. 농협장이다. 이심전심이었다. 둘이서 지주 세우기 작업을 시작했다. 철 파이프를 땅에 박고, 비닐 끈으로 은행나무 줄기와 한 몸으로 묶었다.

사람도 성장기에는 부모의 보살핌이 필요하듯, 어린 은행나무도 마찬가지다. 집중적으로 뿌리가 올려주는 영양분 전부를 한 줄기가 흡수하다 보니 우듬지가 하루가 다르게 무럭무럭 키를 높여 지날 때마다 흐뭇했다.

깔아뭉개진 은행나무 가로수가 그 아픔을 딛고 아들 줄기가 대를 이은 것이다. 인간사처럼 지난 일을 원망 말고, 죽은 어미 몫까지 쑥쑥 잘 자라 함께 심어진 나무들과 키재기 하기를 기대한다.

목욕탕의 백태百態

온탕 속에서 시커먼 마스크를 쓴 부자父子가 멋쩍게 앉아있다. 코로나19가 너와 나를 불신하게 한다는 생각에 쓴웃음이 난다.

매일 새벽 걷기 운동을 마치고 바로 목욕탕으로 간다. 척추 디스크 치료에 도움이 될까 싶어 시작한 지가 2년이 되었다. 코로나19로 사람이 많지 않으니 일거수일투족이 눈에 띄어 일부 사람들의 백태百態를 옮겨 본다.

탈의실에서는 내 몸을 꽁꽁 감추었던 옷들을 뱀이 허물 벗듯 훌훌 잘도 벗는다. 똑같이 발가벗으니 비교에서 벗어나 마음이 편하다. 벗은 모습으로 탕에 드는 모습도 참, 재미있다.

목욕 수건으로 남성을 잔뜩 가리거나 웅크리고 들어오는 열

없는 사람이 있다. 나이 드신 어르신이거나 남성이 쪼그라든 사람의 위축된 행동이다. 나도 자신이 있는 건 아니다. 자신 있는 사람은 허리를 꼿꼿이 펴고 당당하게 보란 듯이 들어온다. 그런 사람은 대체로 몸이 날씬하다. 배가 불룩한 사람은 남성이 배 밑에 숨어 웃음이 난다.

탕에 들기 전에 대부분 비누칠하여 몸을 대충 씻는다. 하지만 그런 과정을 생략하고 허벙저벙 탕 속으로 첨벙 드는 사람이 있다. 먼저 탕에 든 사람이 말은 하지 못하고 미간만 찌푸린다.

탕을 나오면 앉은뱅이 의자에 앉아서 비누칠을 열심히 한다. 주변이 온통 비누 거품으로 범벅이 된다. 얼추 씻었다 싶으면 벌떡 일어나 전신 샤워기가 있는 곳으로 성큼성큼 모르쇠로 가버린다.

머리를 감고 때를 밀기 위해 양동이와 앉은뱅이 의자를 잘도 쓴다. 다 썼으면 원래 있던 자리에 간동하게 포개놓으면 다음 사람이 쓰기가 편하다. 하지만 그냥 몸만 일으켜 나 몰라라 그냥 가버린다.

샤워기도 그렇다. 다 쓰고 제자리에 꽂아두면 보기도 쓰기도 좋다. 가끔은 그 사람 양심처럼 뱀이 기어가는 형상으로 바닥에 내동댕이쳐 놓는 사람도 있다.

양치질하거나 비누칠하면서 샤워기를 마냥 틀어놓는 사람도 있다. 침이나 가래를 그냥 아무 곳이나 퉤퉤 뱉고 코를 푼다. 반사적으로 '물로 씻어 내리겠지.'하며 쳐다보면 천만에다.

몸에 비누칠하려고 비누를 집어 들면 가끔은 검은 비누가 있다. 모두 흰 비누인데 어찌 된 일일까. 그런 비누는 온통 머리카락이 흉물처럼 달라붙어 있다. 염색한 머리를 비누로 감았으면 비누에 검게 묻은 염색약과 머리카락을 깨끗이 없애고 제자리에 두면 다음 사람이 쓸 때 찝찝하지 않을 텐데. 아쉬운 마음이 들곤 한다.

오늘도 손님은 몇 안 된다. 때마침 몸집이 넉넉하고 풍채 좋은 어르신이 뜨거운 탕 속에서 "우-우-" 늑대 울음소리를 토해낸다. 뜨끈해서 좋다며 함께 온 손자에게 탕으로 빨리 들어오라고 손짓한다. 손자는 뜨겁다며 탕 주변을 소금쟁이처럼 맴돌기만 한다.

늘 목욕탕에서 만나는 장 사장이 얼마 전에 어깨 수술을 하고 조심하느라 등을 제대로 씻지 못한다. 언제 보았는지, 가깝게 지내는 젊은 홍 사장이 얼른 간다. 목욕수건을 받아 등을 살뜰하게 밀어주며 당분간 세신사洗身師를 자청한다. 그 옆에도 머리가 하얀 아버지의 야윈 등을 아들이 시원하게 밀어준다. 아버지도 듬직한 아들의 등을 흐뭇한 표정으로 쓱쓱 씻겨

주고 있어 보는 내 가슴에 꽃망울이 맺힌다.

이 모습 저 모습을 한참 바라보다가 디스크 치료에 효과가 있는 운동을 시작한다. 방송이나 인터넷에서 얻은 허리 근육 강화 정보가 스무 종류는 되는 것 같다. 하나하나 글을 읽듯 실행하다 보면 온몸에서 땀이 줄타기한다. 운동이 끝나면 마무리로 냉수를 흠씬 뒤집어쓰면, 가뿐해진 몸과 개운한 마음을 보상받는다.

씻고 나오니 평상에서는 손자가 등이 굽은 할아버지를 닦아주고 드라이기로 머리까지 말려준다. 할아버지가 안마의자에 눕자 손자가 음료수를 할아버지에게 건넨다. 요즘 보기 드문, 참 살가운 효심이다.

'세상을 아름답게 살려면 꽃처럼 살고, 편안하게 살려면 바람처럼 산다.'고 했다. 그럼 목욕탕에서는 어떤 선택을 해야 할까.

어떤 배려

강의 요청이 왔다. 치유농업사 양성과정의 4시간 강의였다. 강의는 하고 싶었지만 아픈 내 허리가 4시간을 버텨 줄까 걱정되었다.

치유농업은 농업 · 농촌의 다양한 농업 활동을 통해 대상자의 건강 유지 · 회복 · 증진을 목적으로 하며, 이런 치유농업 프로그램을 개발하고 진행하는 사람이 치유농업사다.

몇 해 전, 척추 디스크로 수술 진단을 받았었다. '요추 척추 전방 전위증'으로 허리뼈 4, 5번 사이 추간판이 신경 통로 방향으로 튀어나와 신경을 눌러 통증을 느낀다고 했다. 핀으로 고정하는 수술밖에는 다른 방법이 없다고 했다.

갑갑했다. 수술하지 않고 치료하는 방법을 알아보던 중, 척추 디스크로 고생한 분들의 조언을 들었다. 한결같이 수술은 마지막 치료이고, 시술하기 전에 운동부터 해보라고 권했다. 자연이 아픈 몸을 낫게 해 주듯, 내 몸의 자연치유 능력을 믿어보기로 했다.

척추를 둘러싸고 있는 근육 강화 운동과 바른 자세 걷기부터 결심하고 새벽에 일어나 수목원으로 나갔다. 1만 보를 걷고, 운동기구로 복근, 등 근육, 기립 근 강화를 위한 스트레칭을 하였다. 바깥 운동을 마치고 바로 식염 온천장으로 간다. 물속 걷기와 수영을 비롯하여 20여 가지 운동을 했다.

비만이 척추에 좋지 않다기에 몸무게도 줄이기로 했다. 하루 두 끼 식사만 하기로 정했다. 탄수화물 섭취는 한 끼만 먹고, 단백질 섭취는 평소 보다 늘렸다. 이를 악물고 실천하며 운동과 온천욕을 곁들였더니 한 달 만에 6kg이나 줄였다.

척추 디스크 판정을 받고, 치료한 지 3년이 되었다. 처음에는 오른쪽 다리에 심한 통증으로 다리를 끌며 지팡이에 의지해서 겨우 걸었다. 이제 두 다리로 사푼사푼 걷는다. 몸무게도 아프기 전보다 10kg 정도 줄였다. 하지만 오래 서 있거나 걸으면 아직 통증이 찾아온다. 네 시간을 버텨 줄지 적이 걱정되었다.

치유농업 강의를 듣는 분들은 전국 각지에서 오신 분들이었다. 강의 두 시간째부터 오른쪽 엉덩이 쪽이 뻐근하고 다리가 시리기 시작하여 신경이 곤두섰다. 세 시간을 마치고 쉬는 시간이었다. 강의실 맨 앞줄에 앉은 수강생이 내게 다가왔다.

"교수님, 몸이 좀 불편하시지요?"

"……."

"옆에 빈 강의실로 잠깐 가시겠습니까."

그분은 내 걸음걸이를 보고 불편함을 감지했단다. 잠깐 치료해 주겠다며 엎드릴 장소를 찾았다. 책상 위에 엎드리면 좋은데, 코로나로 인해 모두 투명 플라스틱 칸막이를 해 놓았다. 쉬는 시간이 십 분밖에 되지 않아 마음이 조급했다. 책상 위 칸막이 고정한 테이프를 조심스럽게 뜯었다.

칸막이를 연단 바닥에 깔고는 천천히 엎드리라고 했다. 골반 균형이 틀어져서 통증을 느낀다며 골반을 움켜잡고 주무르며 다리를 들어 이리저리 젖히기를 반복했다. 오 분 정도 숨을 몰아쉬며 치료하고 일어나 걸어 보라고 했다. 통증이 사라지고 한결 편해졌다.

평소 어떤 운동을 하느냐 하기에 걷기와 허리 스트레칭을 많이 한다고 답했더니 허리 스트레칭을 어떻게 하느냐고 물었다. 몇 가지를 말하며 누워서 다리를 세운 뒤 허리를 들어 젖히는 운동을 한다고 했다. 깜짝 놀라며 그러면 척추 협착이 심해지니 어린아이가 꿇어앉은 자세로 엎드려 엉덩이를 빼며 척추를 늘려주는 운동을 많이 하라고 권했다. 그분의 배려로 남은 한 시간 강의를 무사히 마칠 수 있었다.

이튿날, 치유농업사 양성 과정 담당 교수에게 전화를 걸어, 나를 치료해 준 그 수강생에 대해 여쭈었다. 미국에서 한의대를 졸업하고, 그곳에서 관련 병원을 운영하고 있단다. 현재는 국내에 들어와 재활병원에 연수 겸 근무하면서 짬을 내어 치유농업사 과정 공부를 하고 있다고 했다. 덧붙여 치유농업사 자격을 취득하면 국내에서 치유 센터 운영이 목표라고 했다.

각박한 세상에 모르는 사람에게 선뜻 손 내밀어 베풀기란 쉽지 않다. 그분은 직업의식이 투철한 한의사였다. 그런 분들이 많으면 많을수록 이 세상이 밝아질 것이다. 그분에게 문자를 보냈다. '쉬는 시간에 치료해 준 그 배려 잊지 않겠다고, 정말 감사했다고, 목표대로 멋진 치유 센터 운영을 기대하고 응원한다고.'

제5부

세 번째 걸음마

안면 마비 1

많은 사람의 축하를 받으며 보람으로 점철된 공직생활을 마감했다.

퇴임 후에 곧바로 대학 강의를 맡게 된 나를 모두 부러워했다. 그러나 그 부러움이 담긴 행복의 바구니는 한 달을 가지 못했다. 설 명절을 이틀 앞두고 여느 날처럼 새벽 운동을 마친 뒤 집으로 돌아왔다. 습관처럼 손을 씻고 물을 머금어 입안을 헹구어 뱉었다. 그런데 물줄기가 똑바로 나가지를 않고 왼쪽으로 치우쳤다. 입술 균형이 맞지 않는 것이었다. 가슴이 쿵 내려앉고 삼십여 년 전의 일이 떠올랐다.

그때도 4-H 회 도 단위 심사 준비로 며칠 밤을 새우다시피 했었다. 심사를 마치자마자 직장에서 위로 여행을 간다고 했다. 직장 상사에게 죄송하지만, 너무 지쳐 있어서 집에서 좀 쉬겠다고 말씀드렸더니 무슨 말이냐며 밤낮으로 고생한 나를 위해 가는 여행이니 무조건 가야 한다고 했다.

아침 일찍 출발하는데 자꾸만 뒷머리가 당겼다. 얼른 약국에 들러 청심환 두 알을 사서 한 알을 먼저 먹었다. 하지만 여행하는 내내 머리가 아파 남은 한 알을 마저 먹었지만 나아지지 않았다. 잠을 좀 자면 나을까, 싶어 창문 쪽으로 기대어 잠을 청해도 몸이 불편했다.

아침에 출발했던 곳에 돌아와서 저녁을 먹고 헤어지기 위해 식당으로 갔다. 국물을 한 숟가락 떠먹는데 한쪽으로 주르륵 흘러내렸다. 다시 먹었지만 역시 똑같았다. 입술에 힘이 없었다. 구안와사였다. 예전에 아버지가 앓으셨기에 그 증세를 잘 알고 있었다. 다행히도 한 달 정도 치료로 완쾌되었다.

형님도 안면 마비로 고생했었다. 교장 승진을 앞두고 신경이 극도로 쇠약해진 상태에서 겨울 새벽 산행을 다녀와서 발병하였다. 육 개월 동안 치료에 전념해서 완쾌되었지만 지금도 조심하며 지내고 있다.

형님에게 전화를 걸어 어느 한의원에서 치료받았느냐고 물었다. 곧장 Y 한의원으로 가보라고 했다. 한의사는 휘파람을 불고 눈을 감아보라고 하더니 예상대로 안면 마비로 진단했다. 설 연휴가 되기에 연휴 기간에 진료하는 한의원을 찾아서 침을 계속 맞아야 한다고 했다. 한의사에게 보통 얼마 정도 치료하면 회복이 되느냐고 여쭈었다. 사람마다 다르다며 가볍게 온 사람은 보름, 보통은 한 달에서 석 달 정도면 웬 만큼은 회복이 된다고 하였다. 하지만 피로 누적으로 간이 지쳐 있고 신경과민, 영양상태가 좋지 않은 때에 마비가 왔다면 치료 기간이 오래 걸린다고 했다. 그 말을 듣는 순간 가장 먼저 대학 강의가 걱정되었다.

치료받으면 완전하게 회복되느냐는 질문에 빙긋이 웃었다. 재수 나쁜 5% 안에만 들지 않으면 된단다. 95%는 완치가 되니 너무 걱정하지 말라고 했다. 이제부터는 조급한 생각을 버리고 느긋한 마음으로 치료받아야 회복이 빠르다고 덧붙였다. 그래, 강의 날까지 한 달 넘게 남았으니 그때까지는 낫겠지.

설 연휴 기간에 진료하는 한의원을 구청에 문의하였다. 마침 집 근처에 한 군데 있었다. 설을 쇠로도 가지 못하고 오전 오후 두 번씩 침을 맞았다. 진흙탕 속 같은 답답한 마음에 의료원에 근무하는 동생에게 전화했다. 응급실에 가서 스테로이드 약제라도 처방받아 먹는 것이 좋지 않겠느냐는 답변이었다. 곧바로 의료원 응급실로 갔다. 설보다는 아픈 치료가 우선이어서인지 많은 환자로 붐볐다. 피검사부터 CT 촬영까지 온갖 검사를 받느라 4시간이 걸렸다. 그렇게 해서 간단한 약제 처방을 받았을 때는 허탈했다.

연휴가 끝나고 급한 마음에 한의원 두 곳에서 하루 세 번씩 침을 맞고 처방해준 한약을 먹었다. 불안한 마음에 의료원에도 다녔다. 침을 무리하게 맞으면 몸살을 앓는다고 했지만 그런 걱정보다는 한 달 안에 나아야 한다는 생각밖에 들지 않았다.

안면 마비로 불편한 점이 한둘이 아니었다. 왼쪽 눈꺼풀이 반쯤 내려온 상태로 더 이상 감기지 않아 안구 건조로 눈물이 계속 났다. 세수할 때도 비눗물이 들어가 쓰라렸다. 왼쪽 입술의 신경마비로 오른쪽으로 많이 비뚤어져서 음식 씹기가 힘들었다. 걸핏하면 입안을 깨물거나 음식물이 오른쪽으로 흘렀다. 실수하지 않으려고 빨아 당기며 먹다 보니 쭉쭉 소리가 나서 여간 고역스러운 게 아니었다. 창피해서 음식 먹기를 피하거나 줄였다. 정상의 몸이 얼마나 행복한지 뼛속 깊이 절감했다. 한 달이 지나자 몸무게가 3kg이 줄었다.

새벽에 눈을 뜨면 곧바로 아내가 몽돌 두 개를 삶아 주었다. 그 몽돌 삶기는 하루에도 몇 번씩 계속되었다. 데워진 몽돌을 가제 손수건에 싸서 왼쪽 얼굴을 뜨겁도록 마사지하고 혈이 굳지 않도록 아플 만큼 주물렀다. 그렇게 하고 나서 입이 좀 바르게 되었는지, 입 속을 부풀려 보고, '아, 에, 이, 오, 우'를 반복하며 매일 거울 보는 것이 습관이 되었다. 거울을 볼 때마다 왼쪽의 눈과 입이 처져서 대칭이 맞지 않은데다가 입을 벌려보면 일그러진 흉한 모습이 나를 절망시켰다. 그 순간에는 이대로 낫지 않는다면 죽고 말겠다는 생각이 들 정도였다.

2주가 지나도 큰 차도가 없자 D 한의원 한의사가 조급한 마음을 내비쳤다. 첫 진료를 하면서 강의할 때까지는 낫게 해주겠다고 했었다. 은근히 다른 한의원에서 치료받기를 권하는 눈치였다. 나 역시도 한의사마다 침놓는 방법이 달라 두 군데 한의원에서 치료받는 것이 오히려 혈 자리의 경합이 일어나 자칫 회복이 늦어질 수도 있겠다 싶었다. 그동안 진료비와 한약 값도 받지 않고 많이 애쓰신 한의사에게 회복이 늦어져 미안하다고 인사를 드리며 양해를 구하고, 집 가까운 한의원에서 계속 치료받겠다고 했다.

하루하루는 빨리도 가는데 회복의 속도는 미미하기만 했다. 의료원에 가지 않고 한의원 한 곳에서 계속 치료받았다. 이마에서 눈, 뺨에서 윗입술 그리고 아랫입술에서 턱의 순서로 마비가 풀린다고 했다.

한 달이 되어도 반쯤 감겼던 눈은 어느 정도 나아졌으나 회복이 늦게 된다는 입술은 아직 말하기가 거북스러웠다. 치료 받는 중간에 강의를 추천해 주신 지도교수님에게 강의를 못 한다고 미리 말씀드리는 것이 옳지 않을까 싶었다.

강의 날을 열흘쯤 앞두고 한의사에게 상의했다. 다소 불편하겠지만 강의를 하는 것이 회복에도 도움이 된다고 했다. 교수님에게 전화로 내 건강 상태를 말씀드렸다. 살다 보면 입도 삐뚤어지고 하는 거지, 그냥 하면 된다고 하였다. 하루하루 강의 날이 다가올수록 조바심이 났다.

그렇게 설레며 기다렸던 첫 강의 날, 안면 마비가 되고 나서 병원 말고는 처음 외출이었다. 강의 시간 두 시간을 앞두고 학교에 도착했다. 지도교수님의 연구실부터 들렀다. 반갑게 맞으셨다. USB부터 달라고 하더니 지난해 강의하신 내용 전부를 담아 주셨다. 내가 준비한 내용과 함께 강의 자료로 활용하면 학생들에게 좋은 강의가 될 것이라고 하셨다. 강의 준비를 해가는 중에 안면 마비가 와서 생각만큼 준비를 못한 탓으로 내심 불안했었다. 그 마음을 헤아려서 어렵게 만든 자료들을 기꺼이 내주시니 고마웠다.

강의 시간이 되자 교수님이 학생들에게 나를 소개해 주겠다며 강의실로 향했다. 관광 원예학 강의를 신청한 스물네 명의 시선이 내게로 쏠렸다. 비록 얼굴은 삐뚤어졌지만, 과목 내용뿐만 아니라 4학년들이니만큼 사회생활 선배로서 진로 선택에도 도움이 되는 강의를 하겠다고 인사했다. “예” 하며 학생들이 꽃송이처럼 웃었다.

차갑게 가라앉은 가슴속에서 뜨거움이 뭉클 솟았다. 마비된 안면에 따뜻하게 열이 올랐다.

안면 마비 2

관광 원예학 첫 강의를 시작하였다. 안면 마비가 되고 한 달여 만에 말하기 시험대에 올랐다. 왼쪽 입술이 내 의지대로 되지 않는다. 신경마비로 힘이 없는 왼쪽 아래위 입술을 손으로 살짝 누르고 뺨을 당기며 말을 했다. 그렇게 해야 만이 발음이 어느 정도 되었다. 하지만 십 분도 지나지 않았는데 발음이 새고 말이 엉겼다. 잠깐잠깐 말을 중단하여 입놀림을 바로 잡아가며 강의를 진행해갔다. 이런 상태로 3시간 동안 어떻게 강의하지. 무너진 갱도 속에 갇힌 마음이라 이마에 염치없는 땀만 배어났다.

안면 마비가 되고 새벽에 잠을 깨면 습관처럼 거울부터 본다. 왼쪽 눈은 폭탄을 맞은 지붕 모양으로 덮여 있고, 입은 오른쪽으로 돌아간 험상궂은 한 남자가 바라보고 있다.

종합병원에서 근전도 검사를 받기 위해 침대에 누웠다. 간호사가 안면 마비로 이 검사를 받는 사람은 대체로 너무 바쁘게 사는 사람이 많더라고 했다. 맞는 말일 것이다.

신경과 교수님이 근전도 검사 결과를 컴퓨터 화면에 띄워 놓고 설명했다. 얼굴 오른쪽과 왼쪽을 비교해 보면서 마비가 온 왼쪽 신경이 약하기는 하지만 반응은 있어서 회복은 되겠다며 나를 바라보았다. '아, 불구는 되지 않는구나.' 마음을 다독이며 처방전을 받고는 다시 한의원으로 향했다.

한의사는 얼굴과 뒷머리를 지압해 보며 아픈 부위를 찾았다. 눈을 감아보라고 했다. 눈꺼풀이 오늘 처음으로 약간 덮인다고 희망적인 말을 했다. 양 손목의 맥박을 오래 짚어 본 뒤 눕게 하여 가슴과 배 부위를 꾹꾹 눌러보며 어디가 더 아픈지를 물었다. 진맥이 끝나자 왼쪽 얼굴과 팔, 다리에 집중적으로 침을 놓았다. 20여 분이 지나자 간호사가 침을 뽑고 마비된 얼굴 부위에 쑥뜸을 떴다. 회복에 도움이 되겠다는 느낌이 왔다. 오늘은 병원과 한의원에서 희망적인 소식을 들어 캄캄하기만 했던 마음에 빛이 보였다.

며칠 뒤 D 한의원에 갔다. 마비된 쪽 이마를 사정 두지 않고 주무르고 눈썹 위도 천을 깁듯 깊게 굴곡지게 한 침 한 침 놓을 때마다 아파서 눈물이 찔끔찔끔 났다. 신경이 마비된 입술에 꽂을 자리가 없을 정도로 수십 개의 침을 입안으로 뚫고 들어올 만큼 거칠게 놓았다. 몇 번인가 고통스러워 앓는 소리를 내었다.

다음날 너무 심하게 주무르고 무자비하게 놓은 침 때문에 멍이 다 들었다고 하소연하자, 지금 아픈 것이 대수냐며 속히 나아야 강의도 할 게 아니냐고 했다. 한의사는 돌을 삶아 마비된 얼굴을 문지르라고 했다. 돌에는 원적외선이 있어서 좋단다. 아내가 삶아준 돌로 식을 때까지 문지르고 났더니 한결 얼굴이 편해진 느낌이었다.

Y 한의원 한의사도 마비된 쪽 얼굴에 지압과 마사지를 수시로 하라고 했다. 껌을 씹어 턱관절 운동과 '아, 에, 이, 오, 우'의 입놀림을 계속하라고 했다. 사우나는 하지 말고 반신욕이 좋다고 권했다. 지난밤에 왼쪽 뒷머리가 빠근하게 아프고 마비된 왼쪽 얼굴이 부듯하다고 했더니 신경이 살아있다는 좋은 증상이라고 했다.

교장으로 재직 중인 형님의 정년 퇴임식 날이었다. 마비가 없었다면 즐거운 마음으로 식장에 갈 텐데, 지인들의 이목이 두려워 망설여졌다. 하지만 평생에 한 번뿐인 퇴임식이다.

조금이라도 바른 얼굴로 가려고 새벽부터 눈 주위를 문지르고 두드리며 근육을 풀었다. 마비된 볼에 안마하고 입술 아래위를 주물렀다. 돌아간 반대 방향으로 안면을 잡아당겨 한참씩 있었다. 입을 벌려 아프도록 턱관절 운동을 하고 거울을 보았다. 얼굴 대칭이 제법 반듯했다.

발을 뒤로 제치고 휘돌리며 발가락 하나하나를 지압하고서 용천혈 자리를 한참씩 눌렀다. 시원했다. 침대에 누워서 공중을 향해 다리로 자전거 타기 운동을 백 회 하였다. 허리 굽히기, 팔 휘두르기, 다리근육 강화를 위해 상체를 세운 상태로 반쯤 내려앉았다 일어나는 운동을 수십 회씩 반복했다. 온몸이 후끈 달아올랐다. 거울 앞에 앉아 얼굴에 마사지 크림을 듬뿍 발라서 힘주어 문질렀다. 안면근육을 부드럽게 하고 침으로 인한 피부의 스트레스도 풀었다. 눈에 인공눈물을 넣었다. 퇴임식장에서 만난 사람들이 회복되고 있다고 위로했다.

안면 마비 치료를 받느라 한의원과 집에만 있었다. 운동하지 않아 근육량도 줄고 먹는 것이 불편해서 적게 먹어서인지 온몸이 힘이 없었다. 하루 두 번의 침 맞기 중에 한 번은 운동 삼아 걸어 다니기로 했다. 마스크를 하고 한의원으로 향했다. 거리를 걷는 모든 사람이 행복해 보였다. '건강은 건강을 잃어버렸을 때 중요함을 안다.'고 했던가. 나만 암울한 수렁에 빠져 허우적거리고 있는 것 같아 불안하고 억울하다는 생각이 들었다.

한의사는 늘 하는 방식대로 눈을 치켜뜨게 해서 이마의 주름이 생기는지를 살피고, 입술로 '아', '호'를 해보라며 신경이 살아나는지를 체크하였다. 거울을 통해 왼쪽 이마의 움직임을 보여 주며 눈은 회복되기 시작했다고 했다. 주말까지는 휘파람을 불게 될 것이라고 희망을 주며, 입술 신경 회복에 도움이 되는 풍선 불기와 휘파람 불기를 집중적으로 하라고 했다.

안면 마비를 털고 망설이고 있었던 일들을 시작했다. 치료해 주는 한의사도 사회 활동을 하는 것이 회복에 도움이 된다며 권했다.

당초 일정보다 한 달 늦게 양로원에 원예치료 봉사활동을 갔다. 어르신들을 십일 년째 만나다 보니까 반가움에 덥석 손부터 잡았다. 얼굴을 보고 왜 그러냐며 상심 어린 표정으로 물었다. 내가 늘 어르신들에게 추운 날 밖에 나가실 때는 몸풀기를 하고 마스크를 꼭 하고 나가시라고 했지요. 그걸 제가 지키지 않아 이렇게 되었다며, 부끄럽게 웃었다.

초등학교 원예교실 프로그램도 진행하고, 화훼종묘 산학연협력단 전문위원으로 화훼농가 현장 컨설팅에도 참여했다. 농장의 시설환경이나 재배작물의 문제점을 파악해서 처방해 주면 고마워하는 농가들의 표정에서 안면 마비를 잊을 만큼 보람이 컸다.

불편한 얼굴로 애를 쓰며 관광원예학 강의 세 시간을 마쳤다. 온몸이 땀으로 젖었지만, 마음은 자족감으로 후련했다.

한의사는 구안와사의 회복률을 눈 주위가 회복되면 50%, 윗입술까지 회복되면 80%, 아랫입술이 회복되면 100% 완치로 본다고 했다. 아직은 회복이 더디다. 하지만 치료의 노력으로 완치의 희망을 품어본다.

안면 마비 3

거울 속에는 여전히 대칭을 이루지 못한 불만의 얼굴이 바라보고 있다.

안면 마비의 치료는 인내심과 싸움이다. 한 달 정도면 나을 줄 알았는데, 벌써 다섯 달째 접어든다. 하루하루는 느끼지 못할 정도의 미세한 차도가 있었다. 삼 개월이 지나면서는 외형적으로 눈은 90%, 입술은 80% 정도 회복이 되었다.

한의사는 진맥診脈을 토대로 전통적인 사암 침법으로 나를 치료하고 있다고 했다. 사암 침법은 네 개의 혈을 선택하여 '모든 병에는 침 1개가 통솔하며, 많아도 4개를 넘지 말고, 전신에 침을 놓으면 좋지 않다.'고 한 것처럼 통솔할 수 있는 혈자리에만 최소한의 침을 놓아 치료 효과를 극대화하는 데 있다고 했다. 부족하면 보태 주고, 지나치면 덜어내고, 차가우면 덥게 하고, 더우면 차게 하여 인체의 오장육부와 체질적인 불균형을 바로 잡아 치료하는 침술이란다. 그러니까 아픈 얼굴, 아픈 다리에 침을 놓는 것이 아니라 내 몸이 건강해지는 혈에 꾸준히 반복적으로 침을 놓아 건강한 몸이 되게 한다고 말했다.

내게도 안면 마비 치료를 하고 있지만 지친 간을 회복시키는 데 더 주력하고 있다고 했다. 침을 놓으며, 간에 도움이 되니까 다슬기탕, 재첩국을 많이 먹어야 한다. 소고기, 두부, 청국장도 수시로 먹어서 단백질 섭취를 충분히 하라고 성가실 정도로 말했다.

지금 생각해보니 간 때문이었다. 햇빛에 별로 나가지도 않은 나를 보며, 요즘 출장을 많이 다녀서인지 얼굴이 검다. 낯빛이 어두워 보인다는 이야기를 곧잘 들었다. 그런 이야기를 들은 날은 저녁에 아내의 마사지크림을 온 얼굴에 듬뿍 발라 한참을 문질러서 닦아 보기도 했었다. 이제는 그 마사지크림을 마비된 얼굴에 넉넉하게 발라서 혈이 잘 돌아서 신경이 돌아오도록 아프도록 꾹꾹 누르고 주무르기를 매일 한다.

한의사는 침과 약쑥 뜸 치료받고 나오는 내게 단골 메뉴를 신청했다.

"땀이 나도록 걸어야 합니다, 반신욕으로 노폐물을 뽑아내고, 충분한 수면으로 쉬어야 한다."고 오늘도 앵무새처럼 말했다.

안면 마비가 오고 석 달 만에 산행 모임에 처음 참석했다. 해인사 '소리 길'은 숲 터널로 이루어졌다. 청정한 계곡 물소리를 들으며 숲길을 걷자 몸이 가벼웠다. 오솔길 주변의 풀과 나무가 발산하는 신선한 내음을 심호흡으로 폐 깊숙이 집어넣었다.

산행 이후 소꿉친구 모임이나 문학단체 토론회, 원예 관련 강의와 컨설팅 등에 참여하기 시작했다. 만나는 사람마다 얼굴을 보고는 돈 들지 않는 처방을 내리고 명의를 추천했다.

민간요법으로 돌아간 반대쪽 손목에 약초로 물집을 만들면 금방 돌아온다, 대추나무 가지를 입에 걸어 마비된 반대 방향으로 당겨서 귀에 걸어 하룻밤만 자고 나면 바른 얼굴이 된다, 마비가 온 반대편 뺨에 약 뿌리를 고약처럼 24시간만 붙이면 흉도 지지 않고 감쪽같이 낫는다며 그 자리에서 전화 예약까지 하는 친구도 있었다. 나를 걱정해 주는 마음은 눈물겹도록 고마웠다. 범어동 P 한의원, 상인동 J 한의원, 이곡동 S 한의원, 대명동에 L 한의원 등 구안와사에 명의도 많았다. 하지만 초지일관 처음 다니던 한의원에서 치료받았다.

다니던 한의원에서 붉은 글씨의 날은 모두 쉰다고 했다. 오월에는 사흘간의 연휴가 있었다. 그렇게 쉬게 되면 치료의 리듬이 깨질까 봐 또 불안했다. 원장에게 연휴 기간에 진료하는 한의원을 소개해 달라고 했더니 지금 다니고 있는 한의원에 부원장으로 있다가 개원한 곳을 추천해주며 침술도 비슷하다고 안심시켰다.

원장이 추천한 한의원에서는 이미 연락받아서 반갑게 맞았다. 하지만 치료 방법은 달랐다. 간호사는 등 전체에 부항부터 떴다. 그런 다음에 진맥한 뒤에 입으로 '이, 호, 우'를 해보라, 혀를 내밀어 보라고 하더니 침을 놓았다. 침을 놓는 혈 자리는 달랐지만, 마음은 편했다.

매일 반복되는 일과로 오전 열 시와 오후 다섯 시에는 어김없이 한의원에 간다. 의사는 나를 보면 첫 말이 풍선 많이 불었느냐다. 얼마 전만 해도 입술 중앙에 바람이 모이지를 않아 풍선을 불라치면 옆으로 툭툭 떨어졌다. 지금은 풍선에 바람이 들어가기는 하나 아직 입심이 부족해서 커다랗게 부풀려지지 않는다. 안면 마비 회복에 마지막까지 애먹이는 부위가 입술이다. 그 입술에 힘을 올리는 방법이 풍선 불기다.

안면 마비로 다섯 달째 접어든 내 얼굴을 무심코 보는 사람은 정상처럼 본다. 안면 마비를 아는 사람이면 "다 나았네요,"

축하한다는 말까지 아끼지 않는다. 하지만 강의할 때가 문제다. 시작은 괜찮지만 조금 지나면 입술 근육이 완전치를 않아 발음이 온전히 모이지 않아서 진땀이 난다.

한의원으로 가는 가로변 느티나무가 하루가 다르게 연두색에서 녹색으로 짙어가고 있다. 저 싱싱한 푸른 나무처럼 속히 예전의 반듯한 얼굴, 또랑또랑하게 말 잘하는 나로 회복이 되었으면 좋겠다.

반듯한 얼굴

안면 마비가 되고 나서 멀리했던 얼굴 사진을 한의사가 찍는다. 처음 한의원에 왔을 때 찍은 얼굴과 대조하더니 구십구 퍼센트의 회복 상태라고 말한다. 꽁꽁 언 새벽 운동에서 안면 마비가 되고 두 계절이 지나도록 치료받은 점수이다.

마비를 겪으면서 건강한 몸의 소중함을 뼈저리게 느꼈다. 외형적으로 눈꺼풀이 처지고 콧대가 뒤틀리고 입이 삐뚤어져 대인기피증이 생겨 오랫동안 칩거蟄居했다.

반쯤 감긴 눈에서는 끊임없이 눈물이 흘러서 가제 손수건을 늘 가지고 다녔다. 왼쪽 눈꺼풀이 감기지 않아 잠을 잘 때는 안구 건조를 막기 위해 반창고로 붙이고 잤다. 세수할 때도 떠진 눈으로 비눗물이 들어가 눈물을 흘려야 따가움이 해소되었다.

마비된 얼굴과 뒷머리가 얼얼하고 뻐근해서 여간 신경이 쓰이는 것이 아니었다. 몽돌 두 개를 삶아 가제 손수건에 싸서 얼굴과 뒷머리에 마사지를 계속하며 혈이 돌아오도록 애썼다. 콧대가 뒤틀려 오른쪽 콧구멍이 좁아져 숨쉬기가 답답해서 애꿎은 코털만 매일같이 잘려 나갔다. 마비된 입술 때문에 걸핏하면 입안이 깨물어져서 먹지 않고 살 수 있으면 좋겠다고 생각하였다. 먹는 것을 되도록 멀리하다 보니까 안면 마비 한 달 만에 몸무게가 삼 킬로그램이 줄었다.

매일 오전과 오후 두 번씩 같은 자리에 침을 맞고 약쑥 뜸을 뜨다 보니 살이 얇은 팔과 얼굴에는 침 자국이 거멓게 생겼다. 옷에는 온통 불 냄새가 배어 집에 오자마자 옷부터 벗어서 탈취제를 뿌려 베란다에 걸었다. 세수하고 얼굴 전체에 마사지 크림을 발라 혈이 굳지 않게 하고 피부 회복을 위해 아프도록 누르고 돌리며 마사지했다.

하루아침에 삐뚤어진 모습이 되어 살아가려니까 일상이 짜증스럽고 세상사가 온통 뒤틀어진 생각으로만 가득 찼다. 회복이 더디어 신경을 써서인지 정수리 부분 머리카락이 눈에 띄게 빠지는 탈모 증상도 일어났다. 얼굴을 감추며 길을 걸을 때, 나보다는 모두가 행복해 보였다.

차츰 회복되면서 용기 내어 단체 모임에 나가기 시작하면서 권하는 술잔을 뿌리치는 일도 스트레스였다. 한의사가 그런 눈치를 알아차린 양, 사 개월이 지날 무렵에 이제 한두 달만 참으면 술 한 잔씩은 해도 된다고 묻지 않은 말을 해서 웃었다.

마비되고 오 개월째 접어들자 사람들은 이제 다 나았다며, 성급한 축하를 해주었다.

일 학기 대학 강의를 마치는 날이었다. 한 학생이 첫 강의 때 많이 불편한 얼굴로 진땀을 흘리며 강의하는 내 모습이 참 안타까웠단다. 다 나아서 밝은 얼굴로 종강해서 기쁘고 헤어져야 하니 아주 섭섭하다고 했다.

산행 모임에서도 회복이 되었다고 산 정상에서 본인들이 회복된 것처럼 기쁜 마음으로 손뼉 치면서 축하해주어 가슴이 뜨거워짐을 느꼈다.

문학회 모임에도 넉 달 만에 다시 참석했다. 모임 장소에 들어서자 일제히 내 얼굴부터 빤히 쳐다보았다.

"어, 이제 다 나았네요. 큰 고생 하셨습니다."

마비되었던 기능이 백 퍼센트 원 상태로 돌아온 것은 아니었다. 외관상 얼굴 양쪽이 대칭을 이루어 환자인 줄을 모를 정도라 남 앞에 나서는 일도, 사진을 찍자 해도 주저하지 않았다. 시도 때도 없이 흘렀던 눈물이 거두어지고, 코가 답답하여 일삼아 했던 코털 자르기도 하지 않는다. 밥을 먹을라치면 곧

잘 흘렸던 음식물이 회복된 입술 신경 때문에 흘리지 않게 되었다. 양치질하고 입안을 헹굴 때도 물을 흘리지 않고 똑바로 뱉어져서 자존심 상하는 일이 없어졌다. 이런 일상의 일들이 아프지 않았을 때는 당연히 그런 줄로만 알고 지냈었다.

인내심을 시험이라도 하듯 육 개월이 참으로 느리게 지나갔다. 이제 한의사는 이틀에 한 번씩 치료받으러 오라고 한다. 하지만 처음 일을 당했을 때 천 길 낭떠러지로 떨어진 듯 큰 충격 때문에 매일 들르고 있다.

오늘도 한의사는 치료를 시작하며 풍선 불기가 되느냐고 묻는다. 마지막 일 퍼센트가 남은 아랫입술 신경 근육의 회복에 풍선 불기가 큰 도움이 된다며 숙제를 낸 선생님처럼 확인한다.

"안면 마비는 몸이 주인에게 일차 경고한 것이니, 앞으로 몸 관리 잘하시고 조심해야 합니다."

한의사가 던진 말이 비수로 가슴에 꽂힌다. 계기판에 붉은 경고등을 무시한 채 운행하다가 차가 서버려 낭패당한 것처럼 몸을 돌보지 않은 혹사가 안면 마비를 불렀다. '만약에 치료를 소홀히 해서 안면 마비가 낫지 않았다면 어땠을까?' 생각만 해도 끔찍하여 소름이 돋는다. 긴 치료 끝에 반듯한 새 얼굴로 다시 태어났으니 이제는 몸이 말하는 것을 들어 주며 살리라.

세 번째 걸음마

누구나 태어나서 걸음마를 배운다. 난 그 걸음마 연습을 세 번 하고 있다. 태어나서 한 번, 열 살 때 장티푸스를 앓아 두 달 동안 사경을 헤매다가 깨어난 뒤, 그리고 요추 척추 전방 전위증을 수술하지 않고 치료하느라 다시 걷기 연습하고 있다.

그날도 새벽 운동을 나가기 위해 일어났다. 왠지 엉덩이 주변이 뻐근하고 오른쪽 허벅지 뒤가 당기는 느낌이 들었다. 십여 분을 걷자 뻐근함과 당기는 증상이 없어졌다. 이러다가 괜찮아지겠지 하면서 평소대로 두 시간을 걷고 돌아왔다.

한 달이 지나도 십여 분 정도 걷기까지 엉덩이 주변이 뻐근함과 오른쪽 허벅지 당기는 증상은 계속되었다. 안 되겠다 싶어 이름난 병원을 찾았다. 전문의는 그리 심하지 않으니 두고 보자며 대수롭잖게 말했다.

심하지 않다니 침으로 되지 않을까 싶어 바로 한의원에 들렀다. 원장은 3단계 치료가 있는데, 우선 1단계부터 시작해 보자며 침을 놓았다. 두 달 동안 침 치료받으며 한약까지 먹었지만, 여전히 나아지는 기미를 느끼지 못했다.

그냥 둘 수 없어 병원에 근무하는 아우의 추천으로 꽤 알려진 신경외과에 들렀다. MRI를 찍어 보자고 했다. 예상했던 대로 '요추 척추 전방 전위증'으로 요추 4, 5번 사이 추간판이 신경 통로 방향으로 튀어나와 신경이 눌려 통증을 느낀단다. 핀으로 고정하는 수술밖에는 다른 방법이 없다고 했다.

내가 봐도 척추 신경이 물 흐르듯 내려오다가 5번 추간판이 튀어나온 곳에서 휘어져 신경이 눌리고 있음이 확연했다. 당장 수술해야 한다는 말에 아득해졌다. 간호사가 수술할 수 있는 일정을 알려 주었다. 일단 알겠다고 인사하고 병원을 도망치듯 나왔다. 가슴에 바위를 얹은 양 답답했다.

혼자 끙끙 앓다가 병명을 알고는 지인들께 병을 알렸다. 요추 척추 전방 전위증을 극복한 많은 사람의 이야기가 쏟아졌다. 걷기로 극복한 사람, 요가로 나은 사람, 거꾸로 매달려 치료했다는 사람, 침으로 회복하게 되었다는 사람들의 극복 사례를 뼛속 깊이 들었다. 아픈 중에도 지팡이를 짚고 새벽 운동으로 수목원을 거쳐 그 옆 산을 오르기도 했는데, 내 이야기를 들은 두 분이 치료받아 나았다는 한의원을 추천했다.

아침 일찍 서둘러 찾아갔다. 사람들이 줄을 길게 섰다. 차례가 되어 긴장하며 원장실로 들어갔다. 원장은 MRI 사진을 보며 아픈지가 얼마나 되었으며, 어떻게 아프냐고 묻는다. 경과를 말했더니 원장은 고개를 갸우뚱했다. 조금 뜸을 들이다가 "큰 병원에 가 보세요, 저는 치료 자신이 없습니다." 맥이 탁 풀렸다.

며칠 후, 혹시나 하고 4년 전에 안면 마비와 간 기능 치료차 다닌 한의원이 생각났다. MRI 찍은 사진을 내밀며 그간의 이야기를 했다. 사진을 보고 증상이 심한 편이지만 더 심한 환자도 치료했다고 했다. 침을 놓으며 허리 치료에 뱃살 빼는 것도 도움이 된다고 했다.

묶은 포장끈의 매듭을 잘라버리면 당장은 쉬워도 나중에 다시 쓸 수는 없다. 시간이 걸려도 수술하지 않고 내 몸이 스스로 치유 능력을 갖추도록 운동과 보완적 치료로 요추 척추 전방 전위증 매듭을 차근차근 풀기로 마음을 정했다.

몸무게부터 줄여 보자고 하루 두 끼를 먹되, 탄수화물 섭취는 한 끼만 먹고 단백질 섭취는 평소 보다 늘렸다. 그렇게 이를 악물고 실천하며 운동과 온천욕을 곁들였더니 한 달 만에

6kg이 줄자 몸이 날 것 같았다.

통증 때문에 소염진통제 처방과 물리치료를 하느라 병원에도 가지 않으면 안 되었다. 병원장은 수술을 권했다. 교정 치료, 한의원 침 치료, 물리치료와 자가 운동 치료를 11월 말까지 해도 호전되지 않으면 12월에는 시술이나 수술하겠다고 했다.

정한 마음대로 거꾸리에 매달리기와 108배, 복근 운동을 하고 운동장을 돌았다. 오른쪽 허벅지 뒤가 당겨 지팡이를 짚고 엉덩이를 빼며 엉거주춤 선 채로 어기적어기적 좀 우스꽝스러운 자세로 걸었다. 주저앉고 싶어도 이를 악물고 버티며 족구장을 열 바퀴를 돌았다.

그렇게 하루에 한 바퀴씩 늘린 걷기 연습을 계속했다. 다음은 운동기구를 이용, 하체 근력 강화를 위해 다리 굽혀펴기를 시작하여 매일 늘려가고, 철봉에 매달리기를 십 회씩 시작하여 일 회씩 늘려갔다. 그 외에도 밧줄 당기기, 운동기구를 활용하여 두 다리를 뻗치고 앞으로 걷기, 옆으로 몸 흔들기, 자전거 타기를 수 백회씩을 하고 나면 한겨울인데도 속옷이 다 젖었다.

운동을 마치고는 온천탕으로 곧바로 갔다. 중탕, 열탕, 중탕 순서로 몸을 푼 뒤 냉수 풀장으로 이동하여 물속 걷기를 했다.

물리치료사가 알려 준 복근 운동, 허리 근육 강화 운동을 두 달 정도 꾸준히 했더니 통증이 조금은 완화되며 희망이 느껴졌다.

한편, '물에 빠지면 지푸라기라도 잡는다.'고 하지 않던가. 그동안 알면서도 가기를 망설였던 기공활법교정원에도 들렀다. 원장은 증상이 심한 편이라 치료 기간이 좀 걸리겠다고 했다. 교정원의 치료는 몸 전체 근육을 풀고, 다시 허리 지압을 집중적으로 하면서 튀어나온 추간판을 눌러 맞추었다. 치료할 때마다 고통이 따랐다.

교정원 치료를 50회 받는 날, 추간판이 제자리를 찾았으니 허벅지 뒤가 땅기는 아픔은 가실 거라고 했다. 오른쪽 다리는 오래 끌고 다녀 힘이 빠져 약간의 아픔은 있지만, 차차 나아질 것이니 운동을 열심히 해야 한다고 했다. 늦게나마 교정원장이 치료의 핵심을 풀어주어 고맙고 신뢰가 갔다.

그날 오후에 들린 한의원장도 약속이나 한 듯이 지금 상태를 보면 신경외과 의사도 이제 수술하지 않아도 된다고 할 거라고 했다. 집중적으로 척추치료를 시작하고 가장 기분 좋은 말을 들었다.

네발로 걷는 짐승은 척추뼈가 돌출되는 증상이 없단다. 사람은 직립보행이라 요추 4, 5번이 잘 튀어나온다고 했다. '내가 왜, 이렇게 되었을까?' 아마도 양로원과 치매 노인들에게 원예치료 봉사를 위해 실습재료인 마사토, 도자기 화분 등 무거운 것을 17년을 반복적으로 많이 들다 보니 허리에 무리를 주지 않았나 싶다.

수술 대상인 요추 척추 전방 전위증으로 아프고 열 달 넘게 자연치유 능력을 믿고 수술하지 않고 치료했다. 70%는 나았다고 하는데 아직 걷기가 자연스럽지 못하다.

고통은 극복하라고 있는 것이 아닐까. 치료 11개월째로 접어들었다. 진통제는 오래전에 끊었으며, 매일 새벽 운동과 온천욕은 필수다. 한의원은 한 주에 두 번, 교정원에는 한 달에 두 번 치료를 받으며 운동할 때나 오래 앉아 있는 경우는 복대를 꼭 한다.

오래 사는 것도 좋지만 스스로 먹고, 싸고, 걸어야 행복한 노년의 삶이 아닐까. 뚜벅뚜벅 걸을 봄날을 그리며, 오늘도 두 다리에 힘을 주며 세 번째 걸음마 연습을 위해 집을 나선다.

저만치 밝은 빛이

살다 보면 몸과 마음에 비 맞는 날이 왜, 없겠나.

2년마다 받는 정기 건강 검진을 아내와 같이 받았다. 그런데 아내는 정밀검사를 받으라는 통보다. 아내는 괜찮을 거라며 그냥 담담했다.

정밀검사를 위해 대학병원으로 향했다. 아내는 가족 병력을 들먹이며 걱정하지 않는다. 검사가 시작되었다. 피를 뽑고 MRI를 비롯한 정밀검사를 받았다.

검사 결과가 나오는 날, 마음 졸이며 대기실에 앉아 기다렸다. 담당 의사는 보호자도 함께 들어 오라고 했다. 불길한 예감이 스쳤다. 아내 손을 잡고 의사 앞에 앉았다.

"너무 걱정은 하지 않아도 됩니다만, 유방암 초기입니다."

맥이 탁 풀리며 가슴에서 바위 구르는 소리가 났다. 대문밖에 기다려 주었으면 했던 불청객이 아내에게 달려들었다. 잡고 있던 아내 손에 힘을 주었다. 수술 예약을 하고 병실을 나왔다. 의사 말대로 항암치료를 받지 않아도 되는 초기라니까, 힘을 내자며 아내 얼굴을 바라보았다. 아내는 "예"라는 짧은 대답을 했다.

수술하기 하루 전날에 아내는 입원하였다. 간호사가 수술을 위한 검사를 하느라 이곳저곳으로 아내 침대를 분주하게 밀고 다녔다. 검사를 끝낸 아내는 피곤한 기색 없이 차분했다. 의사 말대로 걱정하지 말고 내일 수술 잘 받자고 말한 뒤, 아내를 병원에 두고 혼자 집에 왔다. 집안이 온통 캄캄해서 아내의 부재가 피부로 와 닿았다.

다음 날 아침 일찍 병원으로 달려갔다. 아니나 다를까 이른 시각에 아내가 누운 침대가 수술실로 들어갔다. 암이지만 암 집 지은 위치가 덜어내기 좋은 곳이라고 의사는 말했다. 지저분하게 주변으로 침범하지도 않은 착한 암이라고 긴 설명도 들었다. 하지만 막상 수술실로 들어가며 신었던 신발과 춥다고 걸쳤던 스웨터를 벗어 건네주는데 마음 바닥에서 서늘한 생각의 포로가 되었다. 비닐봉지에 담은 신발과 스웨터를 끌어안고 수술실 옆 보호자 대기자실 의자에 앉았다.

현대인의 암 발생 큰 원인 중의 하나가 생활 속에 심한 스트레스라고 들었다. 내가 뭘 잘못해서 암에 걸렸나 싶어 마음이 짠했다. 제발 진단 결과처럼 간단한 수술이기를 빌었다.

이윽고 아내 이름이 08시에 수술이 시작되었다고 전광판에 떴다. 기다리노라니 마음이 착잡하다. 제발 의사의 소견대로 림프샘 전이는 되지 않았어야 할 텐데, 수술이 잘 되기를 가만히 빌었다. 환자 보호자는 모두 같은 마음이겠지, 싶어 주위를 둘러봤다. 하나같이 무표정이었지만 마음은 '오뉴월 가뭄에 논바닥 갈라지듯' 애태울 것이다.

한 시간이 지나자 긴장 탓인지, 선하품이 자꾸 났다. 수술을 시작한 지 한 시간을 훌쩍 넘었다. "휴~" 보호자들의 탄식 소리가 나기 시작했다. 수술 시간이 길어지니 혹시 림프샘 전이가 되어 수술이 길어지나 싶어 마음이 들썽했다. 수술 시작 1시간 54분 만에 드디어 아내 이름이 회복실로 간다고 전광판에 떴다. '아, 수술이 끝났구나.' 마른 호흡을 가다듬는데 방송에서 아내 보호자를 찾았다. 얼른 회복실로 가서 고생했다며 손을 잡았다. 가슴을 절개해서 수술했다는데 생각보다 멀쩡했다. '병원과 경찰서는 평생 갈 일이 없어도 섭섭하지 않은 곳.'이거늘 살다 보면 그렇지 않으니 어쩌랴.

오늘은 금식이다. 수술 후 정기 검진 일이기 때문이다. 예약

한 시간에 맞춰 병원에 내려주며 "어디서 기다릴까?" 했더니 검사 시간이 오래 걸린다며 집으로 가라고 했다. 얼른 지갑에서 돈을 꺼내주며 힘들게 버스 타지 말고 택시 타고 오라고 했다.

오후, 병원에 돌아오는 아내 손에 무언가 잔뜩 들려 있다. 아직 무리하면 안 되는 상태라 그게 뭐냐고 묻자, 내가 준 돈으로 식자재를 모두 샀단다. "아이고 이 사람아, 당신 아픈 사람 맞아!" 어이가 없어 웃었다.

암 수술 후에 여러 가지 항암제를 복용하는 아내는 어깨관절이 결리고, 다리도 힘이 없으며, 온몸 아프지 않은 곳이 없다며 우울해한다. 차츰 나아질 것이니 마음을 편하게 가지라며 다독였다. 이제 무거운 물건은 내가 들어주며, 청소 등 소소한 집안일을 찾아서 도우려고 애쓴다.

투병 중인 아내는 건강 회복을 위해 신경을 쓴다. 마치 산꼭대기에서 자라는 나무도 비바람에 살아남기 위해서 자세를 낮추듯 그렇게 일상을 꾸려간다. 규칙적인 생활에 식후 걷기와 실내 자전거 타기를 매일 숙제하듯 거르지 않고 꼬박꼬박 하느라 땀범벅이 된다.

'나이 들어 부부가 정이 없으면 집안에 텔레비전 소리밖에 들리지 않는다.'고 했다. 아픈 아내를 보며 매 순간 열심히는 살았다고 자부했지만, 정을 미뤄놓고 살지는 않았는지 생각해 본다. 눈 맞춤의 즐거운 대화가 필요했다는 걸 반성하게 된다.

아내의 불청객은 간정되어 이제 떠날 준비를 슬금슬금 하는 것 같다. 5년 완치 판정까지는 아직 많은 시간이 남았지만, 저만치 밝은 빛이 비치는 것 같다.

여보, 왜 그래!

비틀거리면서도 터울 거리더니, 손을 내미니 잡는다. 평생 팔짱 한번 끼지 않는 사람이 어지간히 답답한가보다 싶어 쿡, 웃음이 나왔다. 아내는 어지럽고 힘들어 죽겠는데 웃는다고 눈을 흘긴다.

얼마 전, 아내가 귀에서 덜커덕 소리가 난다고 했다. 다음 날 저녁에 밥은 생각 없으니 혼자 먹으라고 했다. 식사가 끝나자 정리하고 어지러워 좀 누워있겠다며 안방으로 갔다. 그러다가 괜찮아지겠지 싶어 나는 서재에서 원고를 정리하다 보니 두 시간여 지났다. 언뜻 아내 생각이 나서 안방에 들어갔다. 아내가 없다. 그때 화장실에서 "아이고!" 앓는 소리와 함께 벽을 두드린다. 얼른 화장실 문을 열었다. 아내가 변기 위에 웅크리고 앉아 신음하고 있다.

"여보 왜 그래!"하며 일으키려 했다. 머릿속이 360도로 빙글빙글 도는 데다가 눈을 뜨지 못하겠다며 옴짝달싹을 못 한다. 순간, 내 머릿속이 까매지며 진땀이 났다. 끌다시피 하여 겨우 침대에 엎드리게 했다.

심호흡을 한번 하고 가까이에 사는 작은아들에게 전화를 걸었다. 자다가 전화를 받은 듯 잠긴 목소리다. 주말에 처가 가족들과 함께 전북 고창에 머물고 있단다. 다급한 내 목소리에 왜 그러시냐고 놀란다. 갑자기 엄마가 꼼짝을 못한다고 하자, 빨리 119 부르라고 한다. 곧 병원으로 갈 테니 너무 걱정하지 말라며 황급히 전화를 끊었다. 119에 전화해 놓고 아내의 옷을 겨우 갈아입혔다.

아파트 출입문을 열자 들것과 함께 구급대원이 환자를 찾았다. 안방으로 안내하자 환자의 이름, 나이, 언제부터 증상이 있었는지, 평소 당뇨나 고혈압이 있거나 총콜레스테롤 수치가 높았는지 차근차근 물었다. 질문이 길어 속이 탔다. 나를 보며 지금 나이에 흔하게 오는 귓속에 탈이 난 것 같으니 큰 걱정은 말라고 했다.

이비인후과로 이송할 테니 어디로 가는 게 좋겠냐며 눈을 맞춘다. 평소 다니는 D 의료원을 선택하자, 환자를 조심스럽게 들것으로 옮긴다. 환자 이송을 부탁하고 구급대 차량을 놓칠세라 꽁무니를 뒤따랐다.

토요일 늦은 밤, 응급실에는 연신 실려 오는 환자들로 북적댔다. 아내는 물먹은 솜처럼 꼬꾸라져 인사불성이었다. 119 구급대원들이 치료 잘 받으시고 가시라며 떠났다. 절박할 때 바람같이 달려와 도와준 구급대원들에게 사례하고 싶을 만큼 정말 고마웠다.

주변 환자들의 앓는 소리가 심란한 마음을 부채질했다. 심란한 마음이 낭떠러지 끝에 서 있을 즈음, 아내를 병실로 데려갔다. 아내에게 증상 이야기를 듣고 눈동자를 좌우로 회전시켜 보라며 진찰을 시작했다. 다시 여러 가지 검사를 마친 뒤 아내는 전정기관 오른쪽이 바이러스 감염으로 인해 심한 어지럼증이 나타나는 전정기관신경염으로 진단했다. 그런 사이 구미에 사는 큰아들과 고창에 가 있던 작은아들이 "엄마~!" 하며 병실로 왔다.

간호사가 링거를 달아 주며 너덧 시간은 걸리니 한두 시간 들어간 뒤 퇴원해도 된다며 5일 후에 진료 예약을 잡아 주었다. 한 시간 반쯤 지났을 때 아내가 그만 집으로 가자고 했다. 나와 두 아들은 링거를 좀 더 맞고 가자고 했지만, 아내가 때꾼한 모습으로 집에 가서 편하게 눕고 싶다고 도리머리를 해서 새벽에 귀가했다.

이튿날부터 의사가 일러준 전정기관 자가 치료에 들어갔다. 방법은 물체에 초점 맞추기와 시선을 좌우상하로 움직이기, 시선을 유지하며 머리와 물체를 좌우상하 각각 반대 방향으로 움직이기, 단단한 바닥을 일직선으로 걷기, 한 발로 서기 같은 것들이었다.

아내는 의사의 지시대로 열심히 운동한다. 아파트 내에 경사면이 있는 곳에서 눈을 뜬 상태로 일직선으로 올라갔다가 눈을 감은 상태로 내려오기를 반복한다. 전정 재활 운동은 하루에 두세 번씩, 한 번에 20~30분을 한다. 이 운동이 가장 효과적이라고 들어 땀을 흘리며 뚝기 있게 한다. 손주가 걸음마를 배울 때처럼 한 발 한 발이 위태롭다. 건강은 건강할 때 지켜야 함을 확인시켜 주는 것 같다.

일상생활에서도 걷기, 빠르게 걷기, 멈추기, 돌아서기, 바닥에 놓인 물체를 피해서 걷는 동작을 꾸준히 하고 있다. 이런 운동은 만성적인 어지럼증, 기능적 균형 이상, 보행 이상이 있는 경우에도 도움이 된다고 하니 나도 기억해야겠다.

응급실로 실려 간 지 두 달이 지났다. 정기적으로 병원 치료를 받고 자가 치료를 밥 먹듯 해서인지 이제 티 나게 좋아져 몸을 사리지만 일상생활로 돌아왔다.

맨발 걷기

땀이 맺힌다. 이마와 등줄기에 송골송골 땀이 맺힌다. 아침마다 맑은 공기를 마시며 맨발 걷기를 하고 있다. 이렇게 땀을 흘리며 맨발로 걸으니 기분은 날아갈 듯 상쾌하다.

지난봄에 대구수목원에 맨발로 걷는 길이 만들어졌다. 얼마지 않아 '힐링, 맨발 걷기' 프로그램 안내 현수막이 걸렸다. 코로나19 때문에 열 명 단위 모집이라 얼른 신청해서 운 좋게 참가하게 되었다.

맨발로 걷는 길은 하늘을 가린 칠엽수, 느티나무 숲 터널 밑의 황톳길이다. 민틋한 황톳길은 단단하면서도 발에 닿는 촉감이 시원하고 부드럽다. 비 온 뒤에는 미끈거리고 밀가루 반죽을 밟듯 말랑말랑해서 마사지를 받는 느낌이다.

새벽 시간에 걸으며 내가 맨발 걷기를 바로 하고 있는지. 맨발 걷기는 어떤 효과가 있는지 궁금했다. 마침 '힐링, 맨발 걷기' 프로그램 강사의 지도가 있었다.

먼저 맨발 걷기의 좋은 점을 설명했다. 맨발로 흙을 밟고 걸으면 땅속의 자유전자가 몸에 쌓여있는 독소인 활성산소를 제거하고, 혈액순환을 원활하게 한다고 했다. 맨발 걷기는 척추나 무릎 관절에도 매우 좋단다. 강사 자신은 맨발 걷기를 꾸준히 했더니 두통, 불면증 해소에도 도움이 되었다고 강조했다.

강사는 균형 감각 테스트로 눈을 감고 제자리 걷기를 백 번 하라고 했다. 백번을 하고 눈을 뜨자 어떤 사람은 제자리에 있지 않고 저만큼 나아가 있어 한바탕 웃음보가 터졌다. 십 일자로 바르게 걸어라. 가슴은 펴고 발뒤꿈치가 먼저 땅에 닿게 걸어라. 팔은 앞보다는 뒤를 반동을 주듯 더 올리며 걸어라. 눈은 20m 전방을 보라. 평소보다 큰 보폭으로 걸어야 골반과 고관절에 자극이 된다고 강조했다.

구속에서 풀려나듯 맨발로 걷기 시작했다. 걸음걸이 자체가 생각이 되고 사색이 되었다. 신발을 벗는 순간 치유가 일어났다. 내 안에 내가 너무 많아, 무겁던 머리가 맑아지고 가벼운 마음으로 정리가 되었다.

나는 허리 디스크로 삼 년째 고생하고 있다. 수술하라는 진단이 내려졌지만 내 몸의 자연치유 능력을 믿고 거두절미 걷기부터 시작했다. 그리고 운동기구를 활용, 복근과 허리 근육 강화를 위한 스트레칭을 하였다. 그런 다음 온천장으로 이동하여 수영과 물속 걷기, 물리치료사가 추천한 요가로 매일 네 시간을 투자했다.

처음에는 지팡이를 짚고 오른 다리를 끌며 고통스럽게 걸었는데, 지금은 지팡이 없이 그냥 편하게 걷지만, 아직 정상은 아니다. 함께 운동하는 분들이 허리 디스크 환자라고 말하지 않으면 모를 정도로 많이 좋아졌다고 한다. 그래도 자고 나면 오른쪽 엉덩이가 뻐근했는데, 맨발 걷기를 시작한 지 한 달이 지나자 뻐근함이 사라졌다.

우리는 매일 가죽구두나 고무로 만든 신발을 신고 시멘트 길이나 아스팔트 길을 걷는다. 생활공간도 고층아파트가 많아 대부분 시멘트나 마룻바닥을 밟고 산다. 현대인들은 심혈관질환이나 뇌혈관질환, 신경성 질환, 두통, 불면증 등의 질병이 많다. 발바닥이 흙과 직접 접촉하지 않아 땅의 기운을 받지 못해서 그렇다고 한다. 발은 신체의 2%를 차지하지만 98% 신체를 묵묵히 지탱한다. 심장에서 내려온 혈액을 다시 올려보내는 역할로 발을 제2의 심장이라 한다. 그러니 맨발 걷기가 현대인에게 필수 운동이다.

'힐링, 맨발 걷기' 프로그램은 맨발 걷기뿐만 아니라 식물과 환경의 중요성을 알게 하고, 동료들과 함께하는 즐거움을 주었다. 코로나로 답답했던 마음도 훌훌 털어 버려졌다. 걷기를 끝내고 세족장에서 발을 시원하게 씻고, 훔훔한 표정들을 보노라니 내 마음도 말갛게 된다. 당당하고 활기찬 건강을 위해 걸을 수 있을 때까지 맨발 걷기를 계속할 것이다.

목표를 향해

퇴직 후, 건강검진을 받았다. 검진 결과를 설명하는 의사가 사뭇 싱글거리며 몸무게만 줄이면 특별한 문제는 없다고 한다. 팔십 킬로그램에 가까운 몸무게는 고도비만이라고 한다. 직장에서 잦은 모임이나 회식이 뱃살을 늘려 놓았지만, 운동은 바쁘다는 핑계로 게으름 피운 결과였다.

사십여 년의 공직생활에서 정년퇴직했다. 지금까지 밥맛 좋을 만큼 해왔던 새벽 운동을 마음 다잡고 다시 시작했다. 어둠이 깔린 새벽 네 시에 인근 초등학교 운동장으로 향한다. 운동장 한쪽 모퉁이에서 맨손체조로 잠이 덜 깬 굳은 근육을 푼다. 그런 다음 운동기구가 있는 곳으로 가서 어깨, 팔, 다리, 허리 강화 운동을 한다. 뱃살 빼기 운동을 하다 보면 온몸이 후련해지며 이마에 땀이 맺힌다. 그렇게 몸을 풀고 운동장 가장자리 붉은 트랙으로 나선다. 처음 세 바퀴는 천천히 걷는다. 차츰 숨이 차도록 빠르게 걷기를 하다가 마지막 두 바퀴는 다시 숨 고르기를 하며 천천히 걸으며 마무리한다. 그렇게 매일 운동을 했지만, 몸무게는 기대치만치 줄지 않아 실망했다.

운동하기 좋은 산과 인접한 곳으로 이사를 해야겠다고 마음먹었다. 여러 날 발품을 팔아 대구수목원과 남평문씨본리세거지가 가까운 D 아파트로 결정했다. 이사를 하고 변함없이 새벽 운동을 이어갔다. 이사 오기 전보다 한 시간을 앞당겨 새벽 3시에 집에서 출발하여 이팝나무 데크 길을 걸어 세거지로 갔다. 맨손체조로 몸을 유연하게 만든 다음, 신발을 벗고 면발로 게이트볼장 가장자리를 돌았다. 스무 바퀴를 도는데 반은 걷고 반은 뛰었다. 가쁜 숨을 고르며 그 옆에 있는 운동기구를 이용, 뱃살을 빼려고 몸통을 돌리고 다리 흔들기를 땀이 배어날 때까지 반복했다. 몸이 가벼운 날은 세거지를 지나쳐 천수산 등허리를 넘어 대구수목원을 거쳐서 집에 오기도 했다.

의사가 허리 치료에도 몸무게 줄임이 도움 된다니까, 하루 두 끼 식사를 결심했다. 탄수화물 섭취는 한 끼만 먹기로 했다. 대신 단백질 섭취는 평소 보다 늘렸다. 그런데 말처럼 실천하기가 쉽지 않았다.

수제비를 얼마나 좋아하면 어제저녁에 먹고 남은 수제비를 이튿날 아침에 줘도 마다하지 않는다. 부추와 함께 삶은 국수에 멸치 육수를 붓고, 파 송송 썰어 넣고 참기름 듬뿍 넣은 파장 한 숟가락 얹어 훌훌 먹는 잔치국수는 늘 먹어도 질리지 않는다. 아내가 해주지 않을 때는 국숫집을 찾을 정도로 밀가루 음식을 좋아한다.

그렇지만 비만에 가장 적이 탄수화물이라 좋아하는 국수, 수제비 등을 냉정하게 멀리했다. 아침 한 끼 밥도 보리나 현미 잡곡을 섞은 밥을 먹었다. 점심은 우유 한 잔으로 끝냈다. 저녁은 고기와 신선한 채소를 먹었다. 처음 얼마간은 허전함을 꾹꾹 참다 보면 어지럽기까지 했다. 그나마 새벽 운동 후에 아내가 준비해 주는 토마토, 브로콜리, 블루베리, 키위, 사과, 바나나를 요구르트와 함께 갈아서 머그잔으로 두 잔과 견과류를 먹는 것이 체력 유지에 보탬이 되는 것 같다.

1만 보 걷기 새벽 운동을 마치면 온천탕으로 곧바로 간다. 중탕, 열탕, 중탕 순서로 몸을 푼 뒤 냉수 풀장으로 이동한다. 물속 걷기, 수영, 스쿼트를 하고, 교정원과 물리치료사가 알려준 복근 운동, 허리 근육 강화 운동 등 20여 종류를 다 하다 보면 온몸이 땀투성이가 된다.

퇴직 후 꾸준한 새벽 운동으로 2kg 정도 줄었다. 척추가 탈

난 뒤 치료를 위해 먹는 양을 줄이고, 계획적인 운동과 온천욕을 곁들였더니 한 달 만에 6kg이 줄었다. 두 달이 지나자 2kg을 더 줄어 퇴직 당시에 비해 10kg이 준 셈이다. 몸이 가벼워지니 하루 생활에도 의욕이 더 생겼다.

얼마 전, 건강검진을 받았다. 심 뇌혈관 나이가 10년 젊게 나왔다. 몸무게를 줄인 노력으로 두 마리 토끼를 잡은 셈이다. 아직 몸무게를 더 줄여야 한다. 탈이 난 척추가 일상생활하기에는 큰 불편이 없지만 오래 걸으면 통증을 느끼고, 걷는 모습이 부자연스러워 마음 겹다. 오늘도 몸무게 줄이는 목표를 향해 걷고 또 걷는다.

지난날 그 씩씩함으로

스마트폰 화면에 투병 중인 S 선생의 이름이 떴다. 순간 온몸이 굳었다. 조심스럽게 전화 연결 버튼을 눌렀다.

"병원에서 이제 삶을 정리하라고 했습니다."

"……."

"어제 내려와 요양병원에 입원했습니다."

그의 전화를 받고 나자 아무 일도 손에 잡히지 않았다.

몇 년 전, 생활원에 재능기부 강의를 했는데, 그는 강좌를 수강했다. 다음 해에 수료생들로 원예치료 자원봉사단을 조직하자, 그는 나를 도우려 총무를 맡았다.

그는 초등학교 교사로 정년퇴직했다. 매사에 꼼꼼하고 사무적이며, 운동을 좋아했다. 봉사를 올 때는 늘 자전거를 타고 왔다. 한여름 폭염 속에도 땀범벅이 되어 달려오고, 겨울에도 반바지 차림으로 자전거를 탔다. 춥지 않으냐고 하면, 한참 타고 오다 보면 땀이 난다고 빙긋이 웃으며 우려를 누그러뜨렸던 사람이다.

그는 국내에 개최되는 마라톤 대회에는 대부분 참가했다. 하물며 코로나로 전 세계가 떠들썩할 때 베트남에서 열리는 마라톤 대회에도 참가할 정도로 마라톤광이었다. 아프기 직전에도 부산의 울트라마라톤 대회에도 참가했다. 건강하고 의욕이 넘친 예순 중반의 그는 훈련 삼아 대구에서 대회 장소인 부산까지도 자전거를 타고 갈 정도였다.

올해 초에 그의 전화를 받았다. 몸이 좋지 않아서 총무를 다른 분이 좀 맡아줘야겠다고 했다.

“어디가 편찮으십니까?”

“제가 췌장암 판정을 받았습니다.”

그는 가라앉은 목소리로 담담하게 말했다.

전화를 받은 며칠 후, 봉사 단원들과 면회하러 갔다. 요양병원은 온통 소나무 숲속에 있어서 환경은 최상이었다. 병원 내 꽃식물이 잘 배치된 아늑한 찻집에서 그를 기다렸다. 예순 중반밖에 되지 않은 그에게 무슨 말로 위로할까. 전전긍긍하고 있는데, 환자복을 입은 그가 아내가 미는 휠체어를 타고 왔다. 그 당당한 모습은 어디 가고 살이 다 빠져 껑더리가 되었고, 흰머리에 텁수룩한 수염을 매단 맥없는 노인이 쓰게 웃으며 내민 야윈 손부터 덥석 잡았다. 전조증상이 전혀 없었느냐고 물었더니, 숙였던 고개를 힘겹게 들며 초점 잃은 눈으로 입을 열었다.

이 년 전, 베트남에서 열린 울트라마라톤 대회에 참가했단다. 육십 대에 1등을 하고 귀국하여, 누님과 매형이 사준 음식을 달게 먹고 그날 밤에 설사를 심하게 했다. 그 이후로 식욕이 없어 억지로 먹었지만, 설사와 구토가 반복되었다. 급기야 음식 먹기 거부가 시작되었고, 이내 황달이 왔다. 약국을 하는 아들이 뒤늦게 이 소식을 듣고 부랴부랴 내려와 K 대학병원의 종합 검사 결과 췌장암 판정이 났다. 청천 벼락같은 검사 결과에 모두 할 말을 잃고, 그날로 입원하여 항암 치료를 시작했단다.

K 대학병원에서 여섯 차례 항암 치료받았지만, 차도가 없자 담당 의사가 선생님에게는 쓸 약이 없다고 하며 서울의 S 대학병원을 추천하였다. S 대학병원에서 모든 검사를 받았다. 검사 일주일 후, 의사는 그와 아내를 안타까운 눈으로 바라보며, 체력이 너무 빠져서 치료해 줄 부분이 없다며 여생 정리 프로그램을 받으라고 했단다.

“누구나 삶의 종착역에 다다르게 되어 있습니다.”

“마지막까지 생명의 끈을 꽉 잡고 희망을 품읍시다.”

‘낙엽 더미에서 푸른 싹을 찾듯’ 공허하게 말했다. 그는 쓰게 웃으며 고개를 끄덕였다.

왜 췌장암이 왔을까를 물었다. 식탐이 있어 폭식했고, 단것을 너무 좋아해서 그런 것 같다고 했다. 지난날을 뒤돌아보면 무엇이 가장 후회되고 안타까우냐고 물어보았다. 아내에게 살갑게 대하지 못했고, 자녀에게 너무 엄하게 한 것이 후회된다며 고개를 떨구었다.

딸은 미국에서 박사학위를 받고 생화학 분야 연구원으로 근무하며 결혼하여 잘살고 있단다. 아들도 약대를 나와 제약회사 다니다가 충남 홍성에서 약국을 개업하여 활기차게 지내고 있어서 이제 우리 부부만 건강하다면 아무 걱정이 없다고 아내가 말하며 눈물이 그렁했다.

그에게 삶을 절대 포기하지 않겠다는 강한 의지로 생명줄을 꽉 잡아야 한다고 했다. 산책으로 숲의 음이온과 방향성 물질로 건전한 세포를 활성화해 암세포를 물리치는 운동을 열심히 하라는 듣장질을 하고 요양병원을 나섰다. 그는 우리가 시야에서 사라질 때까지 바라보고 있었다.

요양병원을 다녀온 뒤 매일 그와 문자를 주고받는다. 병마를 이겨내고 지난날 그 씩씩함으로 우리에게 돌아올 것이라고. 오늘도 그런 기적이 일어나기를 하늘을 우러러 빌고 또 빈다.